최상 최고의 행복, 열반락

최상 최고의 행복, 열반락

법등명法燈明 자등명自燈明의 삶

여의주 —
지음

운주사

머리말

내 글은 경전을 읽고 해석한 해오解悟가 아니다. 책에서 배워서 습득한 관념적 지식이 아니다. 내가 직접 수행하여 깨달은 진리이고, 인간들에게 당해서 깨지고 상처받으며 온갖 괴로움을 경험하면서 깨달은 체험적 인생론이다.

　나는 4대진리를 깨달았다. 나는 법등명 자등명의 삶을 산다. 여자라고 무시하는 편견이 두렵지만 내가 깨달은 4대진리에 근거해서 한국불교에 대해 문제제기를 하고자 한다. 21세기 한국불교는 새로 태어나야 한다.

　① 한국불교는 선불교禪佛敎가 추구하는 구경목표가 무엇인지 모르고 있다. 선불교의 구경목표는 열반락涅槃樂이다. 열반락을 얻으려면 법등명法燈明 자등명自燈明의 삶을 살아야 한다.

　법등명은 출세간 4대진리를 깨닫고 4상四相이라는 그릇된 고정관념이 사라지고 반야지혜를 얻은 것이다.

　자등명은 출세간 4대진리에 순응하는 마음으로 사는 것이다. 출세간 4대진리에 순응하는 마음을 아뇩다라삼약삼 보리심이라 한다. 보리심이 있어야 복과 덕을 원만하게 갖추어 이상적인 인간으로 승화할 수 있다. 다시 말하면 법등명 자등명의 삶을 살아야 이상적인 인간으로 승화할 수 있다.

②보시, 지계, 인욕, 정진, 선정, 지혜의 6가지 덕목은 바라밀이 될 수 없다. 따라서 보살행도 아니다. 보살행이라고 하지 마라! 바라밀은 출세간 4대진리를 깨달아야 얻어지는 반야지혜다. 보살행은 4바라밀이다.

③한국불교는 보조국사의 돈오점수頓悟漸修를 왜곡하는 것이 문제다.

돈오頓悟는 깨달음이고, 점수는 보살행이 결코 아니다. 돈오는 출세간 4대진리를 모두 깨달은 법등명이고 점수는 돈오를 5차례 반복하는 것이다.

④한국불교는 보살 52위를 모르는 게 문제다. 성불하려면 보살 52위의 단계를 밟아야 한다. 보살 52위를 다르게 말하면 돈오점오다.

출세간 4대진리는 단박에 깨달을 수 있는 것이 아니다. 우선 9가지 업식을 소멸해야 한다. 9가지 업식을 소멸하면 무심도인無心道人이다. 3법인과 불성, 즉 출세간 4대진리를 깨달으면 보리살타이다. 출세간 4대진리를 5차례 깨달으면 부처님이다.

무심도인은 선문답을 하거나 임제 스님처럼 주장자를 탕탕

치면서 할! 하거나 오도송을 한다. 무심도인은 업식은 소멸했지만 출세간 4대진리를 깨닫지 못한 대심범부다. 무심도인이 수행하는 불교를 소승불교라 한다.

보리살타는 애매모호한 선문답을 하지 않고 출세간 4대진리를 설한다. 보리살타가 수행하는 불교를 대승불교라 한다.

소승과 대승이 열반락을 얻기 위하여 수행하는 불교를 선불교禪佛敎라 한다.

⑤ 돈오돈수頓悟頓修는 틀렸다. 불법에 맞지 않다.

출세간 4대진리는 단박에 깨달을 수 있는 것이 아니다. 단박에 이상적인 인간이 될 수 있는 것도 아니다.

⑥ 한국불교는 복덕을 쌓는 법은 가르치지 않고 방편을 부추기는 것이 문제다.

선불교는 세계에서 유일무이하게 우리나라에만 존재한다. 세계 유일의 선불교가 사라지기를 원하지 않는다면 방편이라며 토속신앙을 부추기지 말아야 한다. 방편불교를 부추기면 선불교禪佛敎까지 미신 취급당한다.

방편불교는 불교가 우리나라에 들어오는 초기에 조상님, 칠성님, 산신님에게 재를 지내면서 복을 빌던 신앙을 방편으로 포용한 것으로 선불교와 거리가 먼 토속신앙이다.

⑦ 승가는 청빈해야 한다. 승가가 돈이 많으면 치심 탐심 진심

이 많은 하근기들이 출가해서 승가를 장악한다. 불보살 뵙기 부끄러운 일이 아닐 수 없다.

⑧여자는 성불할 수 없다며 여자를 무시하는 것도 문제다. 그렇다면 묻고 싶다. 불교역사상 깨달음에 대해서 이 여자처럼 명철하게 설명한 남자가 있었던가?

나의 깨달음이 틀렸다고 생각하는, 나의 주장이 틀렸다고 생각하는 남자가 있다면 반론을 제기하기 바란다. 남존여비는 그릇된 유교적 관념이다. 인연 따라 남자로 태어날 수 있고 여자로 태어날 수 있는 연기법을 모르는 아상我相이다. 여자도 사람이고 성불할 수 있다.

한국불교가 새로 태어나기를 바란다.

최
상
열 최
반 고
락 의
행
복

1. 육체의 행복 마음의 행복 영혼의 행복

인간은 무엇을 위해 사는가?

인간은 행복하기 위하여 산다. 남자뿐만 아니라 여자도 행복하기 위하여 산다. 내 삶의 목표도 행복한 삶이다. 행복은 인간뿐만 아니라 생명체라면 누구나 추구하는 최고의 가치요 궁극적 목표다.

그렇다면 행복의 정의는 무엇인가? 행복은 지족知足이다. 분수만큼 만족할 줄 아는 것이 행복이다. 최고의 권력자 대통령이라 할지라도 지족을 모르면 불행한 삶을 살아야 한다.

모든 생명체, 모든 인간은 육체와 마음과 영혼의 복합체이다. 따라서 육체의 행복을 추구하는 사람이 있고, 마음의 행복을 추구하는 사람이 있고, 영혼의 행복을 추구하는 사람이 있다. 행복을 추구하는 방법도 다양하다.

행복을 추구하는 방법에 있어서 맞다 틀리다 단정 지을 수는 없다. 처해 있는 환경에 따라 근기에 따라 서원과 인연에 따라 행복을 추구하기 때문이다. 그렇지만 선불교가 있는 대한민국에 태어난 것을 최고의 행운이라 생각한다.

육체의 행복을 추구하는 사람들이 있다. 인간은 육체만 있다고 생각하는 인생관으로 사는 사람들이 육체의 행복을 추구한다. 육체를 잘 먹이고, 잘 입히고, 잘 재우고, 자손이 번창해야 행복이라고 생각하는 사람들이다. 육체적 행복은 동물적인 행복이다.

육체가 행복하려면 의식주가 풍족해야 한다. 의식주가 풍족하려면 부와 권세가 있어야 한다. 육체가 있으니까 육체의 행복을 추구하는 것은 당연할 수도 있겠지만 문제는 만족할 줄 모른다는 것이다. 하늘을 삼키고도 만족할 줄 모르는 탐욕이 문제다. 의식주가 해결되면 부자가 되고 싶고, 부자가 되면 또 권세를 얻고 싶고, 더 큰 권세를 얻고 싶고, 최고의 권력을 얻고 싶고, 부와 권세를 자식에게 물려주고 싶고, 죽지 않고 영원히 살고 싶어 한다. 그러다 병들어 죽고 만다. 허무한 인생이다.

만족할 줄 모르고 탐욕적으로 사는 것은 세상만사가 돌아가는 절대불변의 법칙을 모르기 때문이다. 나쁘게 말하면 무식하기 때문이다. 행복하게 살려면 절대불변의 법칙, 출세간 진리와 세간의 진리를 알아야 한다.

출세간 4대진리는 열반적정涅槃寂靜, 제법무아諸法無我, 제행무상諸行無常, 불성佛性이다.

세간의 진리는 제법인과, 제법연기, 제행무상이다. 이를 3대 연기법이라 한다. 우주만물이며 인간사, 세상사는 출세간 진리와 세간의 진리라는 절대불변의 법칙에 의해 돌아가는 것이지 기독교인의 주장처럼 하나님을 믿으면 하나님이 복을 주고 영생을 주는 것이 아니다. 인간세상은 참으로 말같지도 않은 말을 믿는 사람들이 많다. 한심하게 어리석다. 한심하게 어리석은 이유는 3대 연기법을 모르기 때문이다.

3대 연기법을 모르면 부와 권세를 얻기 위하여 약자를 무시하고 핍박하고 갑질해서 악업을 짓는다. 악업을 지은 과보는 현세에서 받아야 하고, 다음 생에도 그 과보를 받지 않으면 안 되는 것이다. 악업을 짓지 않으려면 3대연기법을 알아야 한다. 3대연기법을 알면 지족할 수 있고, 지족하면 덕을 쌓을 수 있고, 덕을 쌓아야 행복한 삶을 살 수 있다.

제법인과諸法因果

세상에 거저 되는 일은 없다. 원인이 있었기 때문에 결과가 있는 것이다. 어리석었기 때문에 악업을 짓고 악과를 받는 것이고 지혜로웠기 때문에 선업을 짓고 선과를 받는 것이다. 아는 것이

나를 지킬 수 있는 힘이고 알아야 선업을 짓는다.

제법인과를 모르는 사람은, 원인이 먼저 일어나고 결과는 나중에 일어나는 법인데, 선후를 가릴 줄 모른다. '가는 방망이 오는 홍두깨다.' 자기가 먼저 지은 원인은 탓하지 않고 나중에 일어난 남의 탓만 한다. 선후를 모르기 때문에 악업을 짓는다.

제법인과를 모르는 사람은 자기가 지은 원인은 탓하지 않고 부모 탓만 한다. 자기 탓은 하지 않고 남의 탓만 한다. 부와 권세가 없는 것은 자신이 부와 권세를 얻을 수 있는 업을 짓지 않았기 때문이다. 가난한 부모 밑에 태어난 것도 자기 탓, 부와 권세가 없는 것도 자기 탓이다. 자기 탓을 해야 성숙 발전한다.

원인 없는 인간관계도 없다. 원인과 결과에 의해서 맺어진 인간관계를 인연因緣이라 한다. 은혜로 만났으면 좋은 인연이 되고, 원한으로 만났으면 나쁜 인연이 된다. 부모와 자식, 부부, 스승과 제자, 모든 인간관계가 다 그렇다. 모든 인간관계가 원인과 결과로 맺어진 관계다.

나쁜 인연을 만났을 때는 자신에게서 원인을 찾아야 성숙 발전한다. 남의 탓을 하면 증오심이 일어나서 스스로 괴로울 뿐 얻어지는 것이 없다. 증오심을 의지력으로 내려놓을 수 없을 때는 108배를 하는 게 좋다. 108배에 열중하다 보면 증오심이 사라지면서 마음이 청정해진다. 청정해지면 자신의 과오를 알아차리고 반성하게 된다. 자신에게서 원인을 찾아야 성숙 발전한다.

모든 생명체의 내면에는 불성佛性이 존재한다. 불성은 신통미묘하기가 신神과 같다. 불성을 깨닫고 나면 인간이 부처님으로 보인다. 하찮은 미물까지도 부처님으로 보인다. 그러므로 인간이든 하찮은 미물의 생명이든 생존권과 행복권을 존중하게 된다.

불성에는 자기가 쓴 업식과 생각과 말과 행위가 한 치 오차 없이 저장된다. 불성에 저장된 업식과 생각과 말과 행위를 업業이라 한다. 불성에 새겨진 업이 운명을 만들고 팔자를 만든다.

모든 생명체의 육체는 죽으면 소멸되지만 육체를 움직였던 불성佛性은 죽지 않고 영원히 존재한다. 살생을 한다 해도 짐승의 불성은 죽지 않는다. 살인을 한다 해도 인간의 불성은 죽지 않는다. 죽은 사람의 마음에는 원한이 사무치고, 사무친 원한은 불성에 저장되고, 저장된 원한은 다음 생에 원수지간으로 만나게 된다. 그러므로 살생, 살인과 같은 악행을 저지르지 말아야 한다. 살생을 일삼는 직업도 갖지 말아야 한다. 살생, 살인을 하는 사람은 악인악과를 모르는 무식한 사람이다.

제법연기諸法緣起

생명체의 내면, 모든 인간의 내면에는 신통 미묘한 불성佛性이 존재한다. 심리학자들은 불성을 '무의식'이라 한다. 무의식에는 세세생생에 지은 업이 한 치 오차 없이 저장돼 있다. 세세생생 지은 업은 이생에 태어날 씨앗이 된다. 이생에서 지은 업은 내생에 태어날 씨앗이 되고, 내생에 지은 업은 또 다음 생에 태어날 씨앗이 되는 것을 제법연기라 한다. 제법은 연기이므로 모든 인연은 전생에서 내생으로 이어진다.

나는 십우도의 첫 단계 심우尋牛의 경지에서 나의 전생을 깨달을 수 있었다. 나의 전생은 선불교 수행자였다. 또 깨달음을 글로 쓰기를 좋아했다. 불성에 새겨진 전생의 업이 이어져서 이생에서도 참선수행을 하고 글을 쓴다. 글을 쓸 때 행복하다. 어느 누구도 수행하라고 권한 적 없고, 어느 누구도 글을 쓰라고 권한 적 없다. 나 스스로 내가 좋아서 전생에 지은 업業을 반복하는 것이다. 어느 누구도 전생의 업으로부터 벗어날 수가 없다. 제법연기를 아는 사람은 생각과 말과 행위를 함부로 할 수가 없다.

이생에서 알코올중독자로 살다가 죽었다면 다시 태어나 알코올중독자로 살 확률이 90%다. 이생에서 살인을 했다면 내생에 악연으로 만날 확률이 90%다. 이생에서 가정폭력을 했다면 내생에 가정폭력을 당할 확률이 90%다. 범죄자가 달라질 확률은 겨우 10%다. 이생은 전생의 업보대로 산다. 악업을 지었다면 전생에 지은 업보를 참회하고 또 참회하면서 복덕을 쌓는 신구의를 써야 업보가 조금씩 소멸된다.

불성에는 혜안慧眼이라는 눈이 있다. 불성은 혜안으로 자신의 지은 업대로 가도록 길 안내를 한다. 고마워서 잊을 수 없었던 사람, 미워서 잊을 수 없었던 사람, 원한이 사무쳐 원수 같은 사람을 만나게 한다. 우리의 몸이 가고 오고 앉고 누우며 움직이는 것도 불성의 작용이며, 내가 글을 쓰는 것도 불성의 작용이며, 연어나 바다거북이 수천 킬로미터 떨어진 고향으로 회귀하는 신통 미묘함도 불성의 작용이다. 불성은 신통 미묘하기가 신과 같다. 그러므로 생명있는 모든 생명체는 신과 같은 존재다. 따라서 모든 생명체를 존중해야 한다.

내생은 멀리 있지 않다. 육체가 죽은 직후 정수리에서 빠져나간 영혼은 49일정도 중음신中陰神으로 있다가 인연 있는 부모 밑에 태어난다. 불교와 인연이 없어 생사윤회한다는 진리를 모르거나, 사고를 당해서 갑자기 죽는 바람에 자신의 죽음을 인지하지 못하거나, 다시 태어날 인연을 찾지 못하거나, 원한이 사무치면 잡귀가 된다. 살았을 때 제법연기를 알아야 한다.

제행무상諸行無常

우주만물은 변한다. 형상 있는 모든 것은 변한다. 형상 없는 모든 현상도 변한다. 인간의 몸도 변하고, 마음도 변하고, 인생도 변하고, 사회적 환경도 변하고, 자연환경도 변한다. 변하지 않는 것은 없다. 제행무상을 인지하지 못하면 아상이 강해서 고집스럽다. 고집스러우면 발전 가능성이 없다. 열린 마음으로 살아야 한다.

①인간의 몸은 생로병사 한다. 젊음은 잠깐이다. 어느새 늙고 병들어 죽고 만다. 늙으면 병들 줄 알아야 하고 죽을 준비를 해야 한다.

②인간의 마음은 축생, 아귀, 아수라, 지옥중생, 인간, 천사로 6도 윤회한다. 축생처럼 어리석은 마음을 쓸 때도 있다. 아귀처럼 탐욕적인 마음을 쓸 때도 있다. 아수라처럼 지배적인 마음을 때도 있다. 축생 같고 아귀 같고 아수라 같은 마음만 쓰면서 죄를 지을 때도 있다. 본능과 탐욕과 지배욕을 이성으로 절제할 때도 있다. 치탐진심을 양심적으로 반성하고 참회할 때도 있다. 이렇게 인간의 마음은 항상 변한다.

③인간은 삶은 생사윤회한다. 영원한 나는 없다. 인간은 5아승지 겁 동안 나고 죽기를 반복하면서 진화한 존재다. 그러므로 인간의 나이는 5아승지겁 세다. 생사윤회를 반복하면서 인연

따라 여자로 태어나기도 하고 남자로 태어나기도 한다. 우리나라에 태어날 수도 있고 다른 나라에 태어날 수도 있다. 가난한 집에 태어날 수도 있고 부잣집에 태어날 수도 있다. 인생은 돌고 돈다.

④사회적 환경은 변한다. 사회적 환경에 따라 사고방식도 변한다. 기원전, 기원후, 18세기, 19세기, 20세기, 21세기까지 사람들의 사고방식은 변해 왔다. 앞으로도 계속 변해갈 것이다.

⑤자연환경은 변한다. 빙하기가 있었다. 바다가 육지되고 육지가 바다됐다. 기후도 변한다. 날씨는 날마다 변한다. 변하는 지구에 살고 있다.

불교적 인생관이란 세간의 법칙, 제법인과, 제법연기, 제행무상을 인식하면서 사는 것이다. 이렇게 불법을 배워서 지족知足하며 사는 사람들이 있다. 지족하므로 악업을 짓지 않고 덕을 쌓는다. 그러므로 부와 권세가 유지된다. 그러므로 행복한 삶을 살 수 있다.

불법에는 관심 없고 토속신앙으로 육체의 행복, 즉 부와 권세를 추구하는 방편불자가 있다. 부처님 전에 죽은 조상 천도하고 재를 지내면 복을 받는다고 생각하는 사람들이다. 방편불자 때문에 선불교까지 미신 취급당한다. 승가는 방편불교를 부추기지 말아야 한다.

신이 아담과 이브를 창조했다. 아담과 이브가 인간의 조상이다. 그러므로 신이 인간의 길흉화복을 주관한다. 불행도 신의 뜻, 행복도 신의 뜻이라고 생각하는 인생관으로 사는 사람들이 있다. 천주교, 기독교, 이슬람교, 힌두교, 토속신앙 등등 신을 믿고 의지하는 신본주의 종교인들이다. 부처님을 신으로 믿는 방편불자도 신본주의 종교인이다.

신본주의 종교인은 절대자인 신에게 기도해서 마음의 행복을 추구하는 사람들이다. 신에게 기도하면 신이 복을 준다고 생각하는 사람들이다. 기도하면 신이 자기를 지켜줄 것이라는 안도감과 위로감이 생긴다. 그러므로 기도는 자기위로다. 인간은 나약한 존재다. 이 험난한 세상에 신에게 의지하는 것도 나쁘지 않다. 그렇지만 기도해서 얻어지는 행복은 순간의 행복이다. 기도할 때만 행복하기 때문이다.

신의 존재를 부정하는 사람들이 있다. 석가모니의 조상도 아담과 이브일까? 과연 그럴까? 신에게 기도하면 신이 나에게 복을 내릴까? 세계적인 부자는 신에게 기도해서 부를 얻었을까? 인간은 신이 만든 존재가 아니다. 인간은 육체와 마음과 영혼의 복합체라고 생각하는 인생철학으로 살아가는 사람들이 있다. 영혼이 마음을 일으키고 마음이 육체를 움직인다고 생각하는 사람들이다. 영혼이 행복하면 마음이 행복하고 마음이 행복하면 육체가 행복하다고 생각하는 선불교 수행자다.

선불교 수행자는 영혼의 행복을 추구한다. 영혼의 행복은 근원적인 행복이다. 한 번 얻으면 사라지지 않는 영원한 행복이다. 영혼의 행복을 열반락涅槃樂이라 한다.

열반락은 석가모니가 추구했던 영원한 행복이다. 열반락을 얻을 수 있는 길을 가르치는 불교를 선불교禪佛敎라 하고, 영혼의 행복을 얻기 위하려 출가한 수행자를 선불교禪佛敎 수행자라한다. 불교의 원조는 선불교다. 기복불교와 방편불교는 왜곡된불교다.

출가하고도 정진을 하지 않고 경전만 공부하면 학승學僧이라하고 정진을 하면 선승禪僧이라 한다. 선승은 신불神佛을 의존하지 않는다. 자기 자신을 의지해서 독립적으로 사는 주체적인 사람들이다.

열반락을 얻으려면 색수상행식을 소멸해야 한다. 색수상행식은 9가지 업식이다. 9가지 업식을 소멸하지 않으면 출세간 4대진리를 깨달을 수 없다. 나약하고 의존적인 사람은 색수상행식을 소멸할 수 없고 출세간 4대진리도 깨달을 수 없다. 그러므로열반락을 얻을 수 없다. 영혼의 행복은 정신력이 강한 사람들이추구하는 행복이다.

선 수행자가 발심해서 출세간 4대진리를 깨달으려면 3천 년 동안 수행 정진해야 한다. 또 육체적으로, 정신적으로 자기 자신을 의지해서 주체적인 삶을 살아야 한다. 몸으로 마음으로 남과 얽히다보면 수행 정진할 수 없기 때문이다.

또 육체가 원하는 본능을 내려놓고 독신으로 살아야 한다. 부모도 배우자도 자식도 친구도 그 누구도 의존하지 않고 자신이 의식주를 해결해야 한다. 부와 권세(명리)에 대한 욕심도 내려놓고 청빈하게 살아야 한다. 또 갑이 되고 싶은 욕심도 내려놓고 이성과 양심으로 복덕을 쌓아야 한다.

또 성불하겠다는 일념이 3천 년 동안 변치 않아야 한다. 또 어떠한 난관도 참아내는 인내심이 3천 년 동안 변치 않아야 한다. 이조시대의 억불정책에도 굴하지 않던 일념, 하근기들의 핍박에도 굴하지 않는 인내심이 있어야 한다.

출가한 수행자가 3천 년 동안 일념으로 수행 정진할 인내심이 없으면 세속으로 돌아가서 부와 권세를 얻을 수 있는 경쟁력을 키우는 게 낫다. 부와 권세를 얻는 일도 4방 8방의 경쟁자와 경쟁을 해야 하므로 결코 쉽지 않다. 출가 수행자가 정진은 하지 않고 남의 시주로 의식주를 해결하는 습관이 업業으로 굳어지면 부와 권세를 얻을 수 있는 능력이 생기지 않는다. 이것도 저것도 얻을 수 없는 사이비가 되기 쉽다.

전통적으로 내려오는 공양게송이 있다. 공양게송은 청정하게 살라는 가르침이다.

　이 음식은 어디서 왔는가
　내 덕행으로 받기가 부끄럽네
　마음의 온갖 욕심 버리고
　몸을 지탱하는 약으로 삼아
　깨달음을 이루고자 이 공양을 받습니다.

　이 게송을 들을 때면 수행자의 청정한 마음에 감동받아 울컥해진다. 출가 수행자의 청정한 마음 변치 않기를 빌어본다.
　부와 권세를 얻으려면 서쪽으로 가야 하고 열반락을 얻으려면 동쪽으로 가야 한다. 서쪽과 동쪽을 동시에 갈 수 있는 방법은 없다. 두 마리 토끼를 잡을 수 있는 방법은 없다. 부와 권세를 추구할 것인가? 열반락을 추구할 것인가? 반드시 양자택일해야 한다.
　다음은 내가 영혼의 행복 열반락을 얻을 수 있었던 길에 대한 설명이다. 내가 성취한 열반락은 이생에서 단박에 얻은 것이 아니다. 수십 생 동안 일념으로 정진하고 또 정진해서 이생에서 드디어 열반락을 얻을 수 있었다. 열반락을 추구하는 선불교 수행자에게 도움이 되기를 바란다.

2. 내가 깨달은 고집멸도

불교의 고집멸도苦集滅道는 인간세상의 괴로움으로부터 벗어나 영혼의 행복, 열반락을 얻는 길이다.

1) 고苦_산다는 것은 괴로움이다

생로병사하는 인간의 삶은 괴로움이다.

태어났으니까 살아야 한다. 살기 위하여 의식주를 해결해야 한다. 의식주를 구하기 어렵다. 의식주가 풍족하려면 부와 권세가 있어야 한다. 부와 권세를 얻기 어렵다.

성년이 되면 결혼을 하고 자손을 남겨야 한다. 맘에 맞는 배우자 만나기 어렵고, 자식 키우고 가르치는 일도 어렵다.

살다보면 사랑하는 사람과 헤어져야 하고 싫은 사람을 만나야 한다. 그것도 괴로움이다.

나이가 들면 늙어야 한다. 늙으면 병이 든다. 병이 들면 괴롭다. 병들면 죽어야 한다. 죽는 것도 괴롭다.

생로병사하는 인간의 삶은 영원히 생사윤회生死輪廻한다. 생사윤회도 괴로움이다.

2) 집集_중생심은 6가지 마음이 모여서 일어난다

중생심은 ①불성 ②색수상행식 ③9가지 마음 ④6도윤회 ⑤백팔번뇌 ⑥4상과 같은 6가지 마음이 모여서 일어난다. 그러므로 집集이라 한다.

중생심으로 사는 인간을 범부중생이라 한다. 중생심으로 사는 인간세상을 삼계화택(불타는 집)이라 한다. 인간은 중생심으로 업을 짓는다. 업은 습관이다. 습관으로 지은 업은 내생까지 이어진다. 현재의 나는 세세생생 나의 습관이 쌓이고 쌓여서 창조된 존재다. 신이 만들어준 것이 절대 아니다.

3) 멸滅_중생심을 소멸해야 괴로움이 사라진다

괴로움의 원인은 중생심으로 살기 때문이다. 괴로움으로부터 벗어나려면 중생심을 소멸해야 한다. 중생심을 소멸하려면 반야바라밀다를 행해야 한다. 반야바라밀다는 화두참구하는 참선수행이다.

참선수행은 화두를 참구해서 색수상행식을 소멸하는 수행이다. 색수상행식은 9가지 업식이다. 9가지 업식을 소멸하면 중생심이 사라진다. 중생심이 사라지면 6도윤회를 하지 않는다. 그러므로 백팔번뇌도 일어나지 않는다. 이를 해탈解脫이라 한다. 해탈하면 누진통漏盡通이 생긴다.

색수상행식을 소멸하려면 9가지 업식 하나하나를 역행해야한다. 9가지 업식을 소멸했을 때 무심도인이라 한다. 업식을 소멸한 단계에 따라 9단계의 무심도인이 있다.

참선수행은 색수상행식을 소멸하고 공에 이르러 3법인을 깨닫고 불성까지 4가지 출세간 4대진리를 깨닫기 위한 수행이다.

4) 도道_열반락을 얻는 길이다

불도佛道의 구경목표는 최상최고의 행복 열반락이다. 열반락을 얻으려면 9가지 업식(색수상행식)을 소멸해야 한다. 다음은 출세간 4대진리를 깨달아야 한다. 다음은 복덕이 원만구족해야 한다. 복덕이 원만구족해야 이상적인 인간으로 승화한다. 불도는 법등명 자등명의 삶을 사는 길이다. 법등명 자등명의 삶을 살아야 열반락을 얻을 수 있다.

법등명은 열반적정涅槃寂靜, 제법무아諸法無我, 제행무상諸行無常, 불성佛性, 출세간 4대진리를 깨달은 것이고, 자등명은 출세간 4대진리에 순응하는 마음 아뇩다라삼약삼 보리심으로 복덕을 쌓는 삶이다. 법등명을 선가禪家에서는 돈오頓悟라 하고 자등명을 보살행이라 한다.

　법등명 자등명의 삶을 사는 불보살세계가 있다. 극락세계 도솔천이다. 우주는 넓고 넓어 3천 대천세계가 있고 그중 가장 높은 곳에 도솔천이 있다. 도솔천은 자연환경이 풍족해서 의식주는 자연에서 해결한다. 자연히 더 많이 소유하기 위하여 경쟁을 하지 않아도 된다. 그러므로 스트레스가 없어 마음이 평화롭다. 따라서 수명도 길다. 인간세상에서 80년을 산다면 도솔천에서는 800년을 산다. 그래서 극락이라 한다.

　도솔천은 지구에서 아주 먼 곳, 서방정토에 있기 때문에 화엄신장이 인도하지 않으면 갈 수가 없다. 화엄신장은 4대진리를 깨달은 대승을 보호하고 극락으로 인도하는 신이다. 치심 탐심 진심으로 사는 하근기는 절대로 극락세계로 인도하지 않는다. 도솔천에 태어나려면 이성적이고 양심적으로 인간적이고 천사처럼 살아야 한다.

3. 내가 깨달은 반야심경

『반야심경』은 불교의 진수다. 반야심경은 법등명 할 수 있는 길, 돈오頓悟 할 수 있는 길에 대해서 설하고 있는 경전이다.

반야심경의 문자를 해석하면 해오解悟다. 반야심경은 4대진리를 깨달아야 바르게 이해한다. 나는 내가 직접 경험하고 깨닫지 않은 것은 말하지 않는다. 경험하지 않은 말은 믿지도 않는다.

관자재보살觀自在菩薩 행심반야바라밀다시行深般若波羅蜜多時

관세음보살은 관觀이 자재하다. 그래서 관자재보살이라 한다. 관자재보살이 정혜쌍수로 오온(색수상행식)을 비추어보고, 즉 색수상행식을 소멸하고 오온의 근원이 공空임을 깨달았다.

조견照見 오온개공五蘊皆空

색수상행식을 소멸하면 공空과 일체가 된다. 공과 일체가 되었을 때 열반적정이라 한다. 공과 일체가 되면 있는 듯 없는 듯 묘하게 있는 공을 볼 수 있다. 그러므로 진공묘유라 한다. 공은 우주가 생기기 이전부터 존재하는 태초의 기운이다. 공을 청정법신 비로자나불이라 한다.

도度 일체고액一切苦厄

색수상행식을 소멸하고 공을 깨달으면 중생심이 사라진다. 중생심이 사라지면 인간세상의 괴로움과 재앙으로부터 벗어난다는 뜻이다.

　색수상행식受想行識은 뇌의 의식구조다. 인간의 뇌는 색수상행식 9가지 업식으로 이루어져 있다. 전5식은 전두엽에서 작용하고, 수는 우뇌에서 작용하고, 상은 좌뇌에서, 행은 후뇌에서, 식은 정수리에서 작용한다. 색수상행식을 작용하게 하는 것은 신통 미묘한 불성佛性이다. 불성을 깨닫지 않으면 반야심경을 이해할 수 없다.

색불이공色不異空 공불이색空不異色

색은 안식 이식 비식 설식 신식 전5식이다. 즉 전5식의 근원은

공이다. 전5식을 작용하게 하는 것은 불성이다. 불성의 근원은
공이다. 전5식은 불성의 작용이라는 뜻이다.

색즉시공色卽是空 공즉시색空卽是色
전5식이 곧 공이다. 안이비설신은 불성의 작용이다. 불성의 근
원은 공이다. 그러므로 안이비설신은 곧 불성의 작용이요 공의
작용이다.

수상행식受想行識 역부여시亦復如是
수상행식은 6식 7식 8식 9식이다. 6식은 소유욕, 7식은 지배욕,
8식은 이성, 9식은 양심이다. 수상행식도 불성(공)의 작용이다.
불성의 근원은 공이다. 그러므로 수상행식도 불성의 작용이요
공의 작용이다.

시제법공상是諸法空相 불생불멸不生不滅 불구부정不垢不淨 부증
불감不增不減
공은 모든 생명제의 근원이다. 공空은 육안으로 볼 수 없는 출세
간적인 존재다. 공空은 '불생불멸 불구부정 부증불감'하므로 억
만 년이 지나도 변함없이 여여하게 존재한다. 공을 청정법신 비
로자나불 또는 이불理佛이라 하며, 석가모니불은 사불事佛이다.

무색無色 무수상행식無受想行識

무색無色은 전5식의 소멸이다. 무수상행식은 6식 7식 8식 9식의 소멸이다.

무안이비설신無眼耳鼻舌身 무색성향미촉법無色聲香味觸法

전5식을 소멸하면 5감이 작용하지 않는다. 보아도 본 것이 아니고, 들어도 들은 것이 아니며, 냄새를 맡아도 맡은 것이 아니며, 먹어도 먹은 것이 아니며, 촉감을 느껴도 느낀 것이 아니다. 전5감에 무심하다. 전5식을 소멸하면 전5식을 깨친 무심도인이다.

무색無色 무의식계無意識界

무색無色은 전5식의 소멸이다. 무의식계는 수상행식의 소멸이다. 색과 무의식계를 소멸하면 5가지 본능, 소유욕, 지배욕, 이성, 양심, 9가지 마음이 작용하지 않는다. 그러므로 6도윤회를 하지 않는다. 윤회를 하지 않으므로 백팔번뇌도 일어나지 않는다. 이를 해탈解脫이라 한다. 수상행식을 소멸하면 수상행식을 깨친 무심도인이다.

무무명無無明

무무명無無明은 50가지 업식을 소멸한 원인무효의 경지다. 무명을 소멸해서 원인 무효가 되면 부처님으로 성불한다는 뜻이다.

무명無明은 화습난태생에서 인간으로 진화하는 동안에 지은 50가지 업식이다. 화생의 업식 10단계, 습생의 업식 10단계, 난생의 업식 10단계, 태생의 업식 10단계, 인간의 업식 10단계 모두 50가지다. 50가지 업식은 인간의 뇌의 구조다. 인간의 뇌는 화생에서 5아승지겁 동안 진화를 거듭해서 형성된 것이지 신이 창조한 것이 아니다.

모든 생명체에는 불성이 있다. 불성은 죽지 않고 생사윤회한다. 불성은 신통 미묘해서 5아승지 겁 동안 나고 죽기를 반복하다 보면 인간으로 진화하게 된다.

역무무명진亦無無明盡 내지乃至 무노사無老死

50단계의 업식을 모두 소멸해서 원인무효가 되면 무명이 다함도 없고, 늙고 죽음도 없고, 늙고 죽음이 다함도 없다. 즉 생사윤회로부터 완전히 벗어나 열반락을 얻는다는 뜻이다.

무無 고집멸도苦集滅道

50단계의 업식을 모두 소멸하면 괴로움에서 벗어나 성불한다는 뜻이다.

보리살타菩提薩陀 의반야바라밀다고依般若波羅蜜多故 심무가애心
無罣碍 무유공포無有恐怖

보리살타는 반야바라밀다를 수행해서 깨달음을 얻는다. 깨달음
을 얻으면 마음에 걸림이 없고 죽음에 대한 불안공포가 사라진
다. 반야바라밀다는 화두를 참구하는 참선수행이다.

원리전도몽상遠離顚倒夢想

색수상행식으로 9가지 마음을 일으키고 6도 윤회하면서 백팔
번뇌를 일으키며 사는 인간의 삶을 전도몽상顚倒夢想이라 한다.
이러한 전도몽상의 삶으로부터 멀리 벗어난다.

구경열반究竟涅槃

결국은 영혼의 행복 열반락을 얻는다.

삼세제불三世諸佛 의반야바라밀依般若波羅

과거 현재 미래의 모든 부처님이 반야바라밀을 수행해서 열반
락, 즉 영혼의 행복을 얻었다는 뜻이다.

다多

다는 성불하려면 돈오점오頓悟漸悟해야 한다는 뜻이다. 출세간

4대진리를 5차례 깨달아야 부처님으로 성불한다는 뜻이다.

고득故得 아뇩다라삼먁삼阿耨多羅三藐三 보리菩提

출세간 4대진리를 깨달으면 아뇩다라삼약삼 보리심이 발휘된다. 보리심은 위력바라밀, 예지바라밀, 자비바라밀, 대행바라밀의 4바라밀이다.

고지故知 반야바라밀다般若波羅蜜多 시대신주是大神呪 시대명주是大明呪

그러므로 반야바라밀다는 영혼의 행복, 열반락을 얻을 수 있는 신비하고 가장 높은 불교의 진리라는 뜻이다.

4. 내가 깨달은 복덕을 쌓는 수행

인간은 행복을 원한다. 육체의 행복을 원하는 사람도 있고, 마음의 행복을 원하는 사람도 있으며, 영혼의 행복을 원하는 사람도 있다.

원하는 행복을 얻으려면 좋은 인因을 지어야 한다. 좋은 인을 지으려면 절대불변의 법칙인 제법인과諸法因果를 알아야 한다. 우주에 있는 유형무형의 사물이며 세상만사는 인과법칙에 의해 돌아가기 때문이다. 농부처럼 좋은 씨를 뿌려야 잘 성장해서 수확의 기쁨을 누릴 수 있다.

초발심 때 선서禪書를 읽었는데 '백정도 깨달음을 얻을 수 있다'고 쓰여 있었다. 참나! 불법을 왜곡해도 정도껏 해야지, 살생을 일삼던 백정은 악업이 지중해서 결코 깨달음을 얻을 수 없다. 좋은 인을 짓지 않았기 때문이다.

위빠사나가 깨달음을 얻을 수 있는 길이라고 주장하는 사람들도 있다. 염불을 염불선禪이라고 주장하는 사람들도 있다. 모르면 모른다고 해야지 자기 멋대로 선불교를 왜곡하는 사람은 오만한 사람이다. 오만한 사람은 깨달음을 얻을 수 없다. 오만한 사람은 좋은 인을 짓지 못하기 때문이다.

육체의 행복이든 마음의 행복이든 영혼의 행복이든 원하는 행복을 얻으려면 좋은 인因을 지어야 한다. 좋은 씨앗을 뿌려야 한다.

공자는 '선을 행하고 악을 행하지 말라'고 한다. 인간세상은 선과 악으로 이분화 할 수 없는 법이고 인간은 좋은 사람, 나쁜 사람으로 나눌 수 없는 법인데 선만 행하고 악을 행하지 말라고 한다. 선과 악의 기준은 무엇인가? 애매하고 막연하다. 예수는 인간을 '사랑하라'고 한다. 인간을 어떻게 사랑하라는 말인가? 애매하고 막연하다.

불교는 명쾌하게 답한다. 좋은 인을 짓는 것은 복덕을 쌓는 삶이라고. 대웅전에 있는 위력을 상징하는 대세지보살, 지혜를 상징하는 문수보살, 자비를 상징하는 관세음보살, 대행을 상징하는 보현보살의 네 분 보살상이 이를 시사하고 있다.

사람들은 네 분 보살상이 무엇을 시사하고 있는지 알려고 하지 않는다. 그저 욕심껏 복만 달라고 절한다. 부처님은 어이가 없어서 웃고 있을 것이다. 부처님 전에 3배 하는 이유는 '불법승

3보에 귀의합니다. 네 분 보살님처럼 복덕을 쌓는 삶을 살겠습니다' 하고 맹세하는 의식이다.

자기 자신을 존중하면 복福을 짓고 남을 존중하면 덕德을 쌓는다. 자신을 존중하면 위력과 지혜라는 복을 짓고, 남을 존중하면 자비와 대행이라는 덕을 쌓는다. 위력과 지혜와 자비와 대행이 원만구족하면 이상적인 인간, 부처님으로 승화한다.

사람들은 자기 마음에 들면 좋은 사람, 자기 마음에 들지 않으면 나쁜 사람이라고 말한다. 사람을 판단하는 혜안이 없다. 사람의 인성을 판단할 때는 자신을 존중하는 위력과 지혜가 있는지, 남을 존중하는 자비심, 즉 배려심과 공감력이 있는지, 공동체의식이 있는지, 네 가지 관점에서 판단해야 한다. 성선설 성악설처럼 좋은 사람 나쁜 사람으로 단편적으로 판단하지 말아야 한다.

형편없이 가난했던 시절, 자식을 낳아 기르고 대학까지 가르치는 일은 힘들었다. 이 남자와 사는 것은 더 힘들었다. 이 남자는 말이 없었다. 말이 없으니 소통을 할 수가 없었다. 지독하게 일방적이라 평생 동안 나와 상의하는 일이 단 한 번도 없었다. 자기 맘대로 일 저질러놓고 수습도 하지 못했다. 항의하면 가출해 버렸다. 자식들 때문에 헤어질 수도 없었다. 자유로운 영혼의 소유자인 내가 어리석고 이기적이고 일방적인 남자와 얽혀서 사는 것은 무척 힘들었다.

이런 남자를 선택한 내 잘못이고 복 없는 내 탓이라 생각하고 복 짓는 법을 배우기 위하여 절에 갔다. 그런데 어느 스님이 법상에 올라 법문하기를 '부처님 전에 보시하라. 보시하면 복 받는다. 부처님 전에 기도하라. 기도하면 복 받는다'라고 했다. 불전에 보시한다고 복 받을까? 불전에 기도하면 복 받을까? 과연 그럴까? 의문이 들었다.

또 어느 절에서는 노 보살이 석상에게도 절하고, 산에도 절하고, 4방에 절하는 모습을 보았다. 절하면 복을 받는다고 스님이 가르쳐주었다는 것이다. 3천배가 유행이던 시절, 내가 만난 경상도 보살이 했던 말이다. '불전에 3천배를 하면 소원이 이루어지냐'고 스님에게 물었더니 '그렇다'고 해서 석 달 동안 3천배를 했는데 머리가 다 빠지고 기관지병을 얻었을 뿐 소원은 이루어지지 않았다는 것이다. 그 스님도 복덕을 쌓는 법을 몰랐던 것이다.

올바른 중생제도는 불자들에게 복덕을 쌓는 법을 가르쳐주는 것이다. 행복은 복덕을 쌓아야 얻을 수 있는 것이라고 가르쳐주는 것이다. 불자는 부처님께 복을 빌기 위하여 절에 가지 말고 복덕을 쌓는 법을 배우기 위하여 절에 가야 한다. 승가는 불자를 위하여 보시하고, 불자는 불법승 삼보를 위하여 시주하면서 공존 공생해야 한다.

승가는 올바른 중생제도를 하고 있는가? 방편불교를 부추기고 있지는 않은가? 스스로 돌아보고 반성해야 한다.

복덕을 쌓으려면 4념처관법을 수행해야 한다. 4념처관법은 원래 출세간 4대진리를 깨달은 대승이 아뇩다라삼약삼 보리심으로 복덕을 쌓는 보살행이다. 출세간 4대진리를 깨달은 대승이라 할지라도 복덕을 쌓지 않으면 더 높은 깨달음을 얻을 수 없다. 그러므로 대승은 행주좌와 어묵동정에 4념처관법을 수행해서 복덕을 쌓는 보살행을 한다.

4념처관법은 ① 색수상행식 업식, ② 생각, ③ 말, ④ 행위의 4곳을 성찰하는 수행이다. 색수상행식은 뇌의 의식구조다. 뇌는 색수상행식으로 이루어져 있다. 나는 어떤 뇌로 어떠한 신구의 身口意를 쓰는 누구인지 알아차리는 자기성찰이다. 자신은 어떠한 뇌로 어떠한 마음을 쓰는 누구인지—자신을 아는 수행이다. 자기 자신을 알아야 복덕을 쌓을 수 있고, 복덕을 쌓아야 행복한 삶을 살 수 있다.

대승의 마음과 범부의 마음은 다르다. 대승은 아뇩다라삼약삼 보리심으로 신구의를 쓰고 범부는 중생심, 즉 색수상행식 9가지 업식으로 신구의를 쓴다. 대승은 보리심으로 4념처관법을 수행하고, 범부는 중생심으로 4념처관법으로 수행한다. 보리심으로 복덕을 쌓으면 바라밀이라 하고 중생심으로 복덕을 쌓으면 덕목이라 한다.

대승은 복덕을 쌓아야 더 높은 깨달음을 얻을 수 있고, 범부는 복덕을 쌓아야 원하는 것을 얻을 수 있고 행복한 삶을 살 수 있다.

4념처관법을 수행하려면 우선 중생심이 무엇인지 알아야 한다. 인간은 어떠한 마음으로 사는 누구인지, 인간을 알아야 한다. 중생심을 모르면 4념처관법을 수행할 수 없다.

인간의 뇌는 색수상행식으로 이루어져 있다. 색수상행식은 9가지 업식이다. 9가지 업식은 9가지 마음을 일으킨다. 반야심경의 색수상행식은 인간의 뇌의식구조다

뇌를 작용하게 하는 것은 신통 미묘한 불성佛性이다. 불성이 뇌 속에서 빛보다도 빠른 속도로 9가지 업식을 오고가며 9가지 마음을 일으키고 있다.

인간도 동물이다. 그러므로 동물적 본능이 있다. 본능은 전5식으로 일으키는 5감과 6식으로 일으키는 욕심과 7식으로 일으키는 지배욕이다.

불성이 전두엽에서 5감이 작용할 때 색色이라 한다. 색(전5식)을 습관적으로 많이 쓰면 전두엽의 뇌가 발달한다. 전두엽의 뇌가 발달하면 어리석은 생각을 한다. 어리석은 생각을 하면 또

어리석은 희로애락의 감정이 일어난다. 어리석은 감정이 일어나면 어리석은 말과 행위를 한다. 전두엽의 뇌가 발달해서 본능적인 생각과 말과 행위만 하는 사람의 별명은 축생이다.

불성이 우뇌에서 욕심을 일으킬 때 수受라 한다. 수(6식)를 습관적으로 많이 쓰면 우뇌가 발달한다. 우뇌가 발달하면 탐욕적인 생각을 한다. 탐욕적인 생각을 하면 또 탐욕적인 희로애락애오욕喜怒哀樂愛惡慾 7가지 감정이 따라 일어난다. 탐욕적인 감정이 일어나면 또 탐욕적인 말과 행위를 한다. 우뇌가 발달해서 탐욕스런 신구의만 쓰는 사람의 별명은 아귀다.

불성이 좌뇌에서 지배욕을 일으킬 때 상想이라 한다. 상(7식)을 습관적으로 많이 쓰면 좌뇌가 발달한다. 좌뇌가 발달하면 투쟁적인 생각을 한다. 투쟁적인 생각을 하면 또 투쟁적 희로애락애오욕 7가지 감정이 따라 일어난다. 투쟁적인 감정이 일어나면 또 투쟁적인 말과 행위를 한다. 좌뇌가 발달해서 투쟁적인 신구의만 쓰는 사람의 별명은 아수라다.

인간이 전5식과 6식과 7식으로 축생 같고 아귀 같고 아수라 같은 마음만 쓰면 동물과 다르지 않다. 동물적으로 살면 악업을 짓고 범죄자가 된다.

그렇지만 인간은 동물이면서 만물의 영장이다. 이성과 양심이 있기 때문이다. 8식과 9식이 있기 때문이다.

8식은 행行이라 한다. 8식에서는 이성이 작용한다. 8식을 습관적으로 많이 쓰면 후뇌가 발달한다. 후뇌가 발달하면 이성적인 생각을 한다. 이성적인 생각을 하면 또 이성적인 희로애락애오욕 7가지 감정이 따라 일어난다. 이성적인 감정이 일어나면 또 이성적인 말과 행위를 한다. 후뇌가 발달해서 이성적인 신구의를 쓰는 사람은 인간적이다.

9식을 식識이라 한다. 9식에서는 양심이 작용한다. 9식을 습관적으로 많이 쓰면 정수리가 발달한다. 정수리의 뇌가 발달하면 양심적인 생각을 한다. 양심적인 생각을 하면 또 양심적인 희로애락애오욕 7가지 감정이 따라 일어난다. 양심적인 감정이 일어나면 또 양심적인 말과 행위를 한다. 정수리가 발달해서 양심적인 신구의를 쓰는 사람은 천사다.

인간의 색수상행식은 화두를 참구해서 내가 직접 깨달은 심리다.

4념처관법을 수행할 때 나는 색수상행식으로 어떠한 신구의를 쓰고 있는지 알아차려야 한다.

본능에 집착해서 축생 같은 신구의를 쓰고 있는지 알아차려야 한다.

소유욕에 집착해서 아귀 같은 신구의를 쓰고 있는지 알아차려야 한다.

지배욕에 집착해서 아수라 같은 신구의를 쓰고 있는지 알아차려야 한다.

축생 같고 아귀 같고 아수라 같은 신구의를 쓰면 악업을 짓고 범죄자가 될 수 있음을 알아차려야 한다.

치탐진심을 이성으로 절제하고 있는지 알아차려야 한다.

치탐진신을 양심으로 참회하고 있는지 알아차려야 한다.

사람마다 습관적으로 많이 쓰는 뇌(업식)가 있다. 습관은 습관으로 끝나지 않고 뇌 세포를 증가시킨다. 뇌세포가 증가하면 해당되는 뇌가 발달한다. 발달한 뇌는 근기가 된다. 근기는 자신의 운명을 만든다.

축생·아귀·아수라는 하근기, 인간은 중근기, 천사는 상근기다.

4념처명상은 복덕을 쌓기 위한 수행이다. 4념처명상을 수행해서 오늘은 어제보다 나은 나, 내일은 오늘보다 나은 나로 성숙 발전하는 삶을 살기 위한 수행이다. 성숙 발전하는 삶을 살아야 상근기가 될 수 있다. 상근기라야 부와 권세를 얻을 수 있고 출세간 4대진리도 깨달을 수 있다.

불교에서는 사람의 인성을 판단할 때 근기를 본다. 근기는 세세생생 어떠한 습관으로 살아왔느냐, 그것을 본다. 습관은 업이 되고 업은 뇌를 만든다. 업으로 만들어진 뇌는 쉽게 변하지 않는다. 근기는 쉽게 변하지 않는다. 그러므로 범부가 부처님으로 승화하려면 3,000년 동안 수행 정진해야 한다.

(1) 원하는 행복을 얻으려면 위력威力이라는 복을 지어야 한다. 위력은 자존감과 자존감을 지킬 수 있는 정신력이다. 자존감과 정신력이 강하면 체력과 경제력은 따라온다. 자존감과 자존심은 다르다. 자존감은 자신은 소중하다는 생각이고 자존심은 남에게 지기 싫어하는 아상이다.

순진하고 착한 것은 만만하다는 뜻이고 위력이 없다는 뜻이다. 만만하면 나쁜 사람의 타깃이 되고 나쁜 놈에게 이용당해서 괴로운 삶을 살아야 한다. 위력이 없으면 강자의 횡포와 불의, 갑질로부터 나를 지키고, 위험으로부터 나를 지킬 수 없다. 국가가 위력이 없으면 침략당해서 불행한 삶을 살아야 한다. 자기 자신을 지키려면 반드시 위력이라는 복을 지어야 한다. 위력을 상징하는 보살은 대세지보살이다.

스스로 위력을 쌓을 생각은 하지 않고 신불에게 복 달라고 기도하는 사람들은 나약하고 의존적인 사람들이다. 나약하고 의존적인 사람들은 위력이라는 복을 짓지 못한다.

위력이라는 복을 지으려면 서원誓願을 세워야 한다. 또 서원을 실천하겠다고 대세지보살님에게 맹세하고 다짐해야 한다.

맹세하고 다짐하는 불교의식이 108배다.

'대세지보살님에게 귀의합니다.'

'나 자신을 존중하겠습니다.'

'악행을 하지 않겠습니다.'

'치탐진심을 이성으로 절제하겠습니다.'

'치탐진심을 양심적으로 참회하겠습니다.'

기독교인들은 절한다고 불교를 우상숭배라고 비방한다. 신은 존재하지 않는다. 하나님을 믿는 신본주의야말로 진짜 우상숭배다. 그렇지만 불생불멸하는 공空은 틀림없이, 틀림없이 존재한다.

대세지보살은 범부 때부터 세세생생 한 부처님 두 부처님 백 부처님의 가르침을 배우는 불자로 살면서 8식(이성)과 9식(양심)으로 착하게 살았다. 그러므로 위력바라밀을 발휘한 대보살로 승화할 수 있었다.

(2) 원하는 행복을 얻으려면 지혜라는 복을 지어야 한다. 위력과 지혜는 함께한다. 위력이 있어야 지혜가 있고 지혜가 있어야 위력이 있다. 지혜를 상징하는 보살은 문수보살이다.

인간의 생각은 편견과 정견이 있다. 편견으로 사는 사람이 있고 정견으로 사는 사람이 있다. 지혜가 있으려면 정견이 있어야 한다. 정견正見은 이성적이고 양심적인 생각이다. 인간은 화습난태생에서 진화한 존재다. 인간으로 진화했으면 인간답게 살아야 한다. 인간답게 사는 것은 정견으로 사는 것이다.

본능적이고 탐욕적이고 지배적인 생각과 희로애락애오욕 7가지 감정으로 일으키는 생각을 편견偏見이라 한다. 편견이 많은 사람은 자기 생각과 감정이 옳다고 고집한다. 자기 잘못을 알지 못하고 남의 탓만 한다. 편견으로 사는 사람은 전두엽 우뇌 좌뇌가 발달한 하근기다.

하근기는 타인의 행복할 권리를 침해한다. 말을 함부로 해서 남에게 상처를 주고 심하면 망언 폭행 도적질 살인 전쟁 침략…… 등등 범죄를 저질러서 범죄자가 된다. 범죄를 저지르고도 진심으로 참회하지 않는다. 가장 악랄한 범죄자는 전쟁을 일으킨 침략자 히틀러나 이토 히로부미 같은 사람들이다. 많은 사람을 살생한 업보는 세세생생 받지 않으면 안 될 것이다. 지옥에 떨어져 지옥중생이 될 것이다.

임진왜란 때 선조가 이성룡을 파직하고 불멸의 영웅 이순신을 죄인 취급한 것은 선조의 편견偏見 때문이다. 편견으로 보면 반듯하게 서 있는 전봇대도 비뚤어지게 보이는 법이고, 돼지의 눈에는 사람도 돼지로 보이는 법이다. 이조 500년의 역사는 편견의 역사요 끔찍한 피의 역사다. 인간이 편견에 집착했을 때는 귀신보다 무섭다. 편견이 많은 사람과는 인간관계를 하지 않는 게 좋다. 편견으로 살면 지혜라는 복을 짓지 못한다.

이성적이고 양심적인 생각과 희로애락애오욕 7가지 감정으로 일으키는 생각을 정견正見이라 한다. 정견이 있는 사람은 이성으로 치탐진심을 절제한다. 양심으로 치탐진심을 참회한다. 이성으로 절제하는 사람은 인간적인 사람이고, 양심으로 참회하는 사람은 천사다. 날개 달린 천사가 어딨어? 양심적인 사람이 천사지! 이성과 양심으로 살아야 지혜라는 복을 짓는다.

인간세상은 편견과 정견의 갈등이다. 편견이 많은 사람은 자신의 과오를 인정하지 않는다. "내가 잘못했다. 미안하다"는 말을 절대로 하지 않는다. 끝까지 자기가 잘했다고 오기를 부린다. 편견으로 사는 사람은 마음 자체가 어리석고 탐욕적이고 지배적이기 때문이다.

맹자의 성선설性善說과 순자의 성악설性惡說은 다 틀렸다. 중생심을 모르고 근거 없이 하는 말이다. 인간은 편견에 집착했을 때는 악하고 어리석다. 정견에 집착했을 때는 지혜롭고 선하다. 인간은 악하기도 하고 선하기도 한 존재다. 편견으로 사는 사람은 나쁜 사람이고 정견으로 사는 사람은 좋은 사람이다. 나쁜 사람은 과감하게 손절하는 게 좋다.

지혜라는 복을 쌓으려면 서원을 세워야 한다. 또 서원을 실천하겠다고 문수보살님에게 맹세하고 다짐해야 한다. 맹세하고 다짐하는 불교의식이 108배다.

'문수보살님께 귀의합니다.'

'지혜롭게 살겠습니다.'

'편견을 고집하지 않겠습니다.'

'정견으로 살겠습니다.'

문수보살은 범부 때부터 세세생생 한 부처님 두 부처님 백 부처님의 가르침을 배우는 불자로 살면서 정견이라는 공덕을 쌓았다. 그러므로 예지바라밀을 발휘한 대보살로 승화할 수 있었다.

위력과 정견이 있어야 부와 권세를 얻을 수 있고 출세간 4대 진리도 깨달을 수 있다. 그렇지만 부와 권세를 얻었다 할지라도 덕德을 쌓지 않으면 부와 권세는 오래가지 못하고, 출세간 4대 진리를 깨달았다 할지라도 덕을 쌓지 않으면 더 높은 깨달음을 얻을 수 없다.

덕德은 타인을 존중하는 마음, 자비심과 대행이다.

(3) 원하는 행복을 얻으려면 자비라는 덕을 쌓아야 한다. 덕을 쌓으려면 덕담을 해야 한다. 자비심이 많은 보살은 관세음보살이다.

자비심이 있는 사람은 말을 함부로 해서 남의 행복할 권리를 침해하지 않는다. 자비심이 있는 사람은 남에게 상처를 주는 말을 하지 않는다. 말을 보면 자비심이 있는 사람인지 지배욕이 강한 사람인지 알 수 있다.

자심慈心은 모든 생명체의 살 권리, 즉 생명을 존중하는 배려심이고, 비심非心은 모든 생명체의 행복할 권리를 존중하는 공감력이다.

지배욕이 강한 사람은 남을 지배하려는 심보가 있다. 그러므로 말을 함부로 한다. 지배욕이 강한 사람의 별명은 아수라다. 아수라는 좌뇌가 발달한 사람들이다.

지배욕은 약자를 지배하려는 욕심이다. 갑이 되고 싶은 욕심이다. 주도권을 잡으려는 욕심이다. 지배욕은 권력자에게만 있는 게 아니다. 인간은 누구나 갑이 되고 싶은 욕심이 있지만 유별나게 지배욕이 강한 사람이 있다. 이 욕심 때문에 만만하다 싶으면, 약자다 싶으면 말을 함부로 해서 남을 지배하려 한다.

지배욕이 강한 아수라는 배려심이 없다. 그러므로 지배적인 말투로 기분 나쁘게 말한다. 심하면 갑질에다 언어폭력까지 한다. 남에게 상처를 주는 말은 크든 작든 언어폭력이다. 시집살이 시키는 시어머니, 시어머니 무시하는 며느리, 폭력을 행사하는 남편, 갑질하는 상사 등등은 지배욕이 강한 사람들이다. 언어폭력은 누워서 침 뱉기다. 언어폭력을 하면 구업口業을 짓는다. 구업은 악행이다.

지배욕이 강한 아수라의 마음속에는 '너는 못 낫고 나는 잘 낫다', '너는 불행해도 되고 나는 행복해야 된다', '너는 죽어도 되고 나는 살아야 한다'고 생각하는 오만한 심보가 깔려있다. 자기 잘못을 알아차리지 못한다. 모두가 남의 탓이다. 심보가 그러니까 말을 함부로 하는 것이다. 이런 사람이 작은 권력이라도 얻으면 언어폭력을 할 것이고, 더 큰 권력을 얻으면 독재자가 될 것이다. 정떨어지는 진상이다.

또 지배욕이 강한 아수라는 근거 없는 우월감이 있다. 잘난 것도 없으면서 자기는 잘낫다고 과시한다. 묻지도 않았는데 자기는 양반집 자손이라고 뻐기고, 모르면서 아는 체하고, 별것도 아닌 것을 자랑한다. 경험해 보지도 않았으면서 자기 생각이 옳고 자기 말이 맞다며 말끝마다 선생질이다. 지식도 없으면서 남을 가르치려든다. 시기 질투심도 강해서 칭찬 한마디 하지 않는다. 이런 사람이 작은 권력이라도 얻으면 언어폭력을 할 것이다. 더 큰 권력이라도 얻으면 독재자가 될 것이다. 정떨어지는 진상이다.

'일체중생이 본래 부처'다. 나와 너의 가치는 대등하다. 시어머니든 남편이든 아내든 부모 자식 어느 누구도 타인을 지배할

권리는 없다. 말을 함부로 해서 상대의 행복할 권리를 빼앗을
할 권리는 없다.

지배욕이 강한 아수라는 공감력이 없다. 그러므로 기분 나쁘
게 말한다. 죽고 싶을 만큼 괴롭다고 호소하는 사람에게, 사는
게 무척 힘들다고 호소하는 사람에게 '네가 잘못했으니까 그렇
지! 네가 복이 없으니까 그렇지! 네 팔자가 그러니까 남의 탓 하
지 마라! 듣기 싫다. 말하지 마라!' 이렇게 말해서 약자에게 상
처를 준다. 약자는 증오심과 함께 반감이 생기고 언로言路는 단
절된다. 언로가 막히면 인간관계도 나빠진다.

덕담은 배려심과 공감력으로 말하고 듣는 말이다. '그랬구나!
힘들었구나! 슬펐구나! 지금은 괜찮니? 정말 잘 참았네! 대단
해! 훌륭해! 고마워! 미안해!' 등등 남의 심정을 공감한다. 남의
심정을 공감할 줄 알아야 소통이 되고 인간관계가 원만해진다.

인간은 논리적인 존재가 아니다. '옳다, 그르다'라는 비판보
다 '기분 좋다, 기분 나쁘다', '싫다, 좋다'라는 감정에 흔들리는
감정적인 존재다. 그러므로 감정을 공감해 주어야 한다. 공감해
주면 밉다가도 곱고, 싫다가도 좋고, 엇나가다가도 바르게 살게
되고, 죽고 싶다가도 살고 싶어진다. 비판보다 공감해 주는 것
이 우선이다. 공감해 주어야 자신의 문제점을 스스로 알아차려
서 반성하고 고쳐나간다.

덕담을 하지 못할지라도 언어폭력은 하지 말아야 한다.

말은 입안에서 맴돌 때는 내 것이지만 뱉으면 남의 것이다. 그러므로 상대의 입장을 배려해서 말해야 한다. 그런데 사람들은 상대방의 입장을 배려하지 않고 말을 함부로 한다. 비판하는 말, 상처 주는 말, 무식한 말, 잘난 체하는 말, 자랑하는 말, 명령하는 말, 무시하는 말, 아는 체하는 말, 어리석은 말, 거짓말, 왜곡하는 말, 악담, 양설, 감언이설 등등 쓸데없는 말을 많이도 한다. 이런 말 때문에 원수가 되어 버린다.

①작은 거짓말도 하지 말아야 한다. 정직하게 말해야 한다.

②악담을 하지 말아야 한다.

③시기 질투하는 말을 하지 말아야 한다.

④근거를 모르면 아는 척 왜곡되게 말하지 말아야 한다.

⑤양설을 하지 말고 일관되게 말해야 한다.

⑥감언이설을 하지 말아야 한다.

말을 함부로 하는 것은 누워서 침 뱉기다. 말은 사라지지 않는다. 구업口業으로 남아 자기 업장業障이 된다. 언어폭력을 하는 사람은 하근기다. 기분 나쁘게 말하는 사람은 하근기다. 인간관계를 하지 않는 게 좋다. 관심 끄고 무소의 뿔처럼 혼자서 가는 게 상책이다.

배려하는 말을 하기 어렵다. 공감하는 말을 하기도 어렵다.

덕담을 하려면 스님들처럼 묵언수행을 해야 한다.

묵언수행默言修行은 입 다물고 아무 말도 하지 않는 수행이 아니다. 묵언수행은 잠깐 침묵하고 '배려하는 말을 하고 있는가? 공감하는 말을 하고 있는가?' 두 번 생각해보고 말하는 수행이다. 묵언수행은 구업을 짓지 않기 위한 수행이다.

자비라는 덕을 쌓으려면 서원을 세워야 한다. 또 서원을 실천하겠다고 관세음보살님에게 맹세하고 다짐해야 한다. 맹세하고 다짐하는 불교의식이 108배다.

'관세음보살님에게 귀의합니다.'

'남을 존중하겠습니다.'

'배려하는 말을 하겠습니다.'

'공감하는 말을 하겠습니다.'

관세음보살은 범부 때부터 세세생생 한 부처님 두 부처님 백 부처님의 가르침을 배우는 불자로 살면서 배려심과 공감력이라는 덕을 쌓았다. 그러므로 자비바라밀을 발휘한 대보살로 승화할 수 있었다.

(4) 원하는 행복을 얻으려면 대행이라는 덕을 쌓아야 한다. 덕을 쌓으려면 공동체의식이 있어야 한다.

공동체의식은 나와 공동체는 공생共生해야 한다고 생각하는 큰마음이다. 공동체의식을 불교에서는 대행이라 한다. 대행을 상징하는 보살은 보현보살이다.

인간은 혼자서 살 수 없다. 너와 나, 부부, 부모와 자식, 국가와 국민, 불교와 불제자, 공동체 속에서 사람 人 자처럼 기대고 받쳐주면서 주고받으며 살아야 한다. 태어나면 부모를 의지하고 부모는 자식을 보호하며, 늙은 부모는 자식을 의지하고 자식은 부모를 보호하면서 공생한다. 또 국민은 국가를 의지하고 국가는 국민을 보호하면서 공생한다. 또 불자는 불법승 삼보에 의지하고 불법승 삼보는 불자에게 의지하면서 공생한다.

공동체의식이 없는 사람은 이기적이다. 나만 잘 살면 된다고 생각하는 사람들이다. 개인과 공동체는 공동운명체임을 인식하지 못하는 사람들이다. 공동체가 행복하지 않으면 나 개인도 행복할 수가 없음을 모르는 사람들이다. 공동체가 행복해야 나 개인도 행복하다는 큰마음으로 살아야 한다.

공동체의식이 강한 대표적인 인물은 안중근 의사다. 잊어서는 안 되는 고맙고 훌륭한 상근기다.

① 개인은 구성원으로서의 사회적 책임을 다해야 한다. 구성원으로서의 책임을 다해야 나와 공동체가 공생한다. 구성원으로서의 책임을 다하는 것은 덕을 쌓는 행이다. 구성원으로서의 책임을 다하는 사람은 상근기다.

나와 너가 만나면 공동체다. 국민이 모이면 국가, 우리가 모이면 사회, 남녀가 만나면 부부, 그리고 가정, 종교적 단체 등등 모두가 공동체다. 공동체의 구성원으로서 지켜야 하는 책임이 사회적 책임이다.

부부의 책임은 고락苦樂을 함께하는 것이다. 부부의 책임을 다하지 않는 사람은 하근기다. 하근기의 노후는 외롭고 불행하다. 인간의 본능이 이기적이다 보니 고락을 함께하기 정말 어렵다. 노후가 외롭고 불행하지 않으려면 고락을 함께해야 한다.

②개인은 공동체를 위하여 협력해야 한다. 협력해야 나와 공동체가 공생한다. 협력하는 것은 덕을 쌓는 행이다. 협력하는 사람은 상근기다.

가까운 지인이 부동산투기를 해서 돈을 많이 벌었다. 그런데 가난한 조카가 부동산을 사려고 하면 정보도 주지 않을 뿐 아니라 사지 못하게 은근히 방해를 했다. 지인은 부자가 됐다. 그렇지만 남편이 일찍 죽어버렸다. 외롭다 보니 그때서야 가난한 조카를 의지해서 살려고 했다. 그런데 조카는 지인의 부동산까지 모두 말아먹어 버렸다. 백 년을 살 것처럼 이기적으로 살더니 돈도 쓰지 못하고 50대에 죽어 버렸다. 협력하지 않고 이기적으로 살면 자신은 물론 공동체도 파멸한다. 말 한마디라도 협력해야 한다.

③개인은 공동체를 위하여 정신적 재산을 공유해야 한다. 공유해야 나와 공동체가 공생한다. 공유하는 것은 덕을 쌓는 행이다. 정신적 재산을 공유하는 사람은 상근기다. 지식과 정보는 정신적 재산이다. 불법을 가르쳐주고, 복덕을 쌓는 법을 가르쳐주고, 의식주를 얻을 수 있는 법을 가르쳐주고, 건강할 수 있는 지식을 가르쳐주고…… 등등 지식과 정보를 베푸는 것을 불교에서는 보시라 한다. 1%만 베풀면 상대는 99%의 혜택을 받고 자신은 덕을 쌓는다.

정신적 재산이 없으면 감언이설에 현혹된다. 현혹되면 물질적 재산은 순식간에 잃어버릴 수 있다. 정신적 재산이 있어야 한다.

내가 글을 쓰는 이유는 나의 정신적 재산을 공동체에 보시하기 위함이다. 행복을 추구하는 사람들을 위한 보시다. 글 쓰는 것은 쉽지 않다. 40년 동안 죽음을 각오하고 정진해야 한다. 출세간 4대진리를 깨달아야 한다. 열반락을 얻어야 한다. 70년 인생을 살아봐야 한다. 글로 표현하려면 수백 번 사유해야 하고, 쓰고 지우기를 수십 번 반복해야 한다. 나는 공동체를 위하여 나의 인생을 보시했다.

보시는 자리이타행이다. 보시하려고 글을 쓰다 보니 깨달음을 정리해서 표현하는 능력이 생겼다. 가장이 처자식을 위하여 열심히 일하다 보면 자신의 능력이 성숙 발전하듯이 보답을 바라지 않고 보시하면 자신이 성숙 발전한다.

최근에 방송에서 본 영상이다. 젊은 아기 엄마가 어느 병원 앞에서 억울하다며 일인 시위를 하고 있었다. 의사가 위암을 초기에 발견하고도 결과를 알려 주지 않았기 때문에 병기가 깊어져서 대수술을 받아야 했고, 항암치료까지 받아서 무척 힘들고 억울하다는 내용이었다. 알고 있는 정보를 보시한다고 해서 대단한 손실이 오는 것도 아니다. 손해가 없는데도 베풀지 않는 것은 공생하려는 큰마음이 바늘 꽂을 만큼도 없는 하근기이기 때문이다. 1%만 베풀면 상대는 99%의 혜택을 받고 자신에게는 공덕이 돼서 돌아오는데도 말이다.

나는 전혀 모르는 두 사람의 말 한마디 보시로 파멸과 파산의 구렁텅이에 빠지지 않을 수 있었다. 두 사람의 보시가 없었더라면…… 상상만 해도 아찔하다. 잊지 못할 정도로 정말 고마운 사람이다. 고맙다는 말을 하려고 먼 길을 찾아갔는데 만나지 못해서 안타까웠다.

④개인은 공동체를 위하여 물질적 재산을 시주해야 한다. 물질적 재산을 시주하면 나와 공동체가 공생한다. 가진 것의 1%라도 시주하면 덕을 쌓는다. 시주하는 사람은 상근기다.

불교에서는 남을 위해서, 공동체를 위해서 먹을 것, 입을 것,

돈을 주는 것 등등 물질로 베푸는 것을 시주라 한다. 기부와 같은 뜻이다. 1%의 물질만 베풀면 상대는 99%의 혜택을 받고 자신은 덕을 쌓는다. 베풀지 못하면 시주하는 사람, 기부하는 사람 칭찬이라도 하면 덕을 쌓게 된다.

대행이라는 덕은 쌓기 어렵다. 대행은 공동체의식이라는 큰 마음이 없으면 행하기 어렵다. 덕을 쌓으려면 서원을 세워야 한다. 또 서원을 실천하겠다고 보현보살님에게 맹세하고 다짐해야 한다. 맹세하고 다짐하는 불교의식이 108배다.

'보현보살님에게 귀의합니다.'

'공동체의식으로 살겠습니다.'

'이기심을 버리겠습니다.'

보현보살은 범부 때부터 세세생생 한 부처님 두 부처님 백 부처님의 가르침을 배우는 불자로 살면서 공동체의식이라는 큰 마음으로 살았다. 공동체의식이라는 공덕을 쌓았기 때문에 대행바라밀을 발휘한 대보살로 승화할 수 있었다.

대세지보살 문수보살 관세음보살 보현보살의 4대보살은 신神이 아니다. 신격화하지 말라! 4대진리를 깨닫기 위하여 도솔천과 인간 세상을 오고가며 치열하게 수행하는 실존 인물이다. 신은 존재하지 않는다.

4대보살은 몇 백 년에 한 번씩 인간 세상에 출현하지만 중생이 알아보지 못할 뿐이다. 누가 대세지보살 화현인지, 문수보살 화현인지, 관세음보살 화현인지, 보현보살 화현인지 내 눈에는 보인다.

5. 내가 성취한 영혼의 행복 열반락

나는 수십 생을 정진하고 또 정진해서 열반락을 성취했다.

나는 이유 없이 괜히, 행복감이 마음 가득 밀려올 때가 있다. 깨닫기 전에는 느끼지 못했던 행복감이다. 행복해서 웃음 짓는다. 마음이 행복하면 천상에서 사는 것이다.

나는 중생심을 소멸했다. 그러므로 6도윤회를 하지 않는다. 그러므로 백팔번뇌도 일어나지 않는다. 해탈이다.

나는 인간세상의 부귀영화를 구하지도 않고 부럽지도 않다. 가진 것은 없어도 마음은 하늘만큼 풍요롭다.

나는 몸도 편안하고 마음도 편안하다. 그러므로 꿈도 꾸지 않고 꿀잠을 잔다.

나는 열반적정, 제법무아, 제행무상, 불성의 4대진리를 깨달았다.

나는 중생상, 인상, 아상, 수자상의 그릇된 관념인 4상四相이 사라졌다.

나는 법등명法燈明의 삶을 산다.

나는 50단계의 무명을 소멸했다.

나는 죽음에 대한 불안 공포가 사라졌다. 살아도 좋고 죽어도 좋다. 걱정 근심이 없다.

나는 생사윤회의 고통으로부터 벗어났다. 생사해탈이다.

나는 아뇩다라삼약삼 보리심으로 자등명自燈明의 삶을 산다.

나는 4념처관법으로 보살행을 한다.

나는 위력바라밀과 예지바라밀로 복을 짓고 자비바라밀과 대행바라밀로 덕을 쌓는다.

나는 법등명 자등명으로 영혼의 행복 열반락을 얻었다.

나는 남을 의지하지 않는다. 나 자신을 의지해서 무소의 뿔처럼 혼자서 간다.

나는 혼자 있어도 외롭지 않다. 혼자 있어야 행복하다.

나는 사후에 도솔천 극락정토에 남자로 태어날 것이다.

나는 열반락을 성취한 내가 무척 대견하다.

나는 내 인생이 만족스럽다.

6. 내가 깨달은 중생심과 백팔번뇌

중생심으로 사는 인간을 범부중생이라 한다. 석가모니도 4대진리를 깨닫기 전에는 중생심으로 사는 범부였다. 나도 마찬가지로 깨닫기 전에는 중생심으로 사는 범부였다. 중생심은 화습난태생에서 인간으로 진화하면서 생존하기 위하여, 살아남기 위하여 스스로 지은 6가지 마음이다.

중생심은 ① 불성 ② 9가지 업식 ③ 9가지 마음 ④ 6도윤회 ⑤ 백팔번뇌 ⑥ 4상의 6가지 마음이 모여서 일어난다. 그러므로 집集이라 한다.

중생심은 화두참구를 수행해서 9가지 업식을 소멸하면 깨달을 수 있다. 나는 수행해서 깨닫지 않은 말은 하지 않는다. 중생심을 깨달으면 타심통他心通이 생긴다. 타심통이 생기면 인간의 말 한 마디만 들어도 하근기인지, 중근기인지, 상근기인지 금방 알아차린다. 그러므로 인간의 말에 현혹되지 않는다.

②인간의 뇌는 색수상행식으로 이루어져 있다. 색은 안이비설신 전5식이고, 수상행식은 6식 7식 8식 9식 내면의식이다. 전5식(색)은 전두엽에서 작용한다. 6식(수)은 우뇌에서, 7식(상)은 좌뇌에서, 8식(행)은 후뇌에서, 9식(식)은 정수리에서 작용한다.

③색수상행식, 즉 9가지 업식으로 생존하기 위한 5가지 감각과 소유욕, 지배욕, 이성, 양심의 9가지 마음을 일으킨다.

④9가지 마음은 축생, 아귀, 아수라, 범죄자, 인간, 천사로 6도 윤회한다.

⑤6도 윤회는 번뇌를 일으킨다. 번뇌는 희로애락애오욕 7정이다. 번뇌는 색수상행식 9가지 업식에서 63가지 번뇌가 일어난다. 63가지 감정을 백팔번뇌라 한다.

⑥인간은 중생상衆生相, 인상人相, 아상我相, 수자상壽者相의 4가지 그릇된 관념이 있다. 4가지 그릇된 관념은 출세간 4대진리를 깨닫지 못했기 때문에 일어나는 어리석음이다. 열반적정을 깨닫지 못하면 중생상이 있고, 제법무아를 깨닫지 못하면 인상이 있고, 제행무상을 깨닫지 못하면 아상이 있고, 불성을 깨닫지 못하면 수자상이 있다.

중생심을 일으키는 것은 신통 미묘한 불성佛性이다. 불성의 근원은 공이다. 공은 불생불멸하면서 영원히 존재한다. 그러므로 불성도 불생불멸하면서 생사윤회한다. 공은 우주가 생기기 이전의 기운이고, 불성은 모든 생명체에 존재하는 개인적인 기운이다.

불성을 선가禪家에서는 한 물건 또는 자성自性이라 한다. 세속에서는 정혼, 넋, 얼이라 하며, 죽은 사람의 불성을 영혼 또는 귀신이라 한다. 심리학자들은 '무의식'이라 한다. 불성은 과학의 힘으로는 절대로 증명할 수 없다. 불성은 한 조각의 밝음이기 때문이다. 반드시 화두참구를 해서 업식을 소멸하고 3법인을 깨달은 후에야 혜안으로 불성을 볼 수 있다. 불성을 깨달으면 견성見性이라 한다.

불성은 뇌 속에 있다. 불성은 빛보다 빠르게 눈귀코혀몸, 우뇌, 좌뇌, 후뇌, 정수리를 오고가며 중생심을 일으키고 있다. 누구나 꿈을 꾼다. 꿈을 꾼다는 것은 불성이 있다는 뜻이다. 깊은 잠을 잘 때는 불성도 잠을 자지만 얕은 잠을 잘 때는 불성이 작용한다. 불성이 5식에 있을 때는 개꿈을 꾸고, 불성이 6식, 7식에 있을 때는 악몽을 꾼다. 악몽에 시달리는 것은 생시에 번뇌망상이 많다는 뜻이다. 불성이 8식에 있을 때는 경험했던 일이 되살아나고 9식에 있을 때는 예지몽을 꾼다. 9가지 업식을 소멸하면 꿈을 꾸지 않고 깊은 잠을 잔다.

불성의 기운은 황소처럼 세다. 볼 때는 황소처럼 센 불성의 기운이 작용하기 때문에 볼 수 있는 것이고, 들을 때도, 번뇌를 일으킬 때도, 황소처럼 센 불성의 기운이 작용하고 있다. 색수 상행식이 다 그렇다.

불성은 부모에게 받은 것이 아니라 불생불멸하는 공空에서 받은 것이다. 그러므로 일체중생이 본래불이다. 공을 깨달은 불보살은 일체중생을 부처라 생각한다. 그러므로 일체중생을 존중한다.

불성佛性이 전두엽에 있을 때 전5식(色)이 작용한다. 전5식에서는 5가지 감각이 작용한다. 전5식은 육체를 보존하기 위한 감각식, 본능식이다.

안식(1식)으로 눈이 좋아하는 물질을 탐색한다.

이식(2식)으로 귀가 좋아하는 소리를 탐색한다.

비식(3식)으로 코가 좋아하는 냄새를 탐색한다.

설식(4식)으로 혀가 좋아하는 맛을 탐색한다.

신식(5식)으로 몸이 좋아하는 촉감을 탐색한다.

전5식에서는 35가지 희로애락애오욕이 일어난다.

5감이 충족되면 쾌락의 감정, 좋아(喜)하고 즐거워(樂)하며 사랑(愛)하는 감정이 일어나고, 충족되지 못하면 불쾌한 감정, 슬퍼(哀)하고 분노(怒)하고 증오(惡)하는 감정이 일어난다. 또 자기감정이 정당하다고 합리화시키는 욕(欲)이라는 이기적인 감정이 일어난다. 5가지 감각과 35가지 감정에 집착했을 때는 축생 같이 어리석은 신구의를 쓰게 된다. 이를 치심癡心이라 한다.

불성佛性이 우뇌에 있을 때 6식(受)이 작용한다. 6식에서는 전 5식으로 탐색한 것을 소유하려는 욕심을 일으킨다. 수식受識은 소유식, 탐욕식이다.

6식에서도 7가지 감정이 일어난다. 소유욕이 충족되면 쾌락의 감정 희락애가 일어나고, 충족되지 못하면 불쾌한 감정 애노오가 일어난다. 또 자기감정은 정당하다고 합리화시키는 욕欲이라는 이기적인 감정이 일어난다. 욕심과 7가지 감정에 집착했을 때는 아귀 같은 신구의를 쓰게 된다. 이를 탐심貪心이라 한다.

불성佛性이 좌뇌에 있을 때 7식(想)이 작용한다. 상(7식)식은 지배식, 투쟁식이다.

7식으로 육체적, 정신적, 물질적으로 약한 자를 지배하려는 욕심을 일으킨다. 약자를 지배해야 본능의 만족을 얻을 수 있고 원하는 것을 소유할 수 있기 때문이다. 약육강식은 야생에서만 존재하는 게 아니다. 인간 세상에도 엄연히 존재한다.

지배욕은 대장이 되고 싶은 욕심, 주도권을 잡으려는 욕심, 갑이 되고 싶은 욕심, 자기 마음대로 하고 싶은 욕심이다. 지배욕이 강하면 부와 권세를 얻으려는 야욕도 강하다.

지배욕이 강하면 남을 존중할 줄 모른다. 부부간에, 가족간에, 친구 동료 모든 인간관계에서 주도권 싸움을 한다. 지배욕 때문에 육체적 폭력, 성폭력을 자행하고, 갑질 망언을 한다. 지배욕이 하늘을 찌르면 남의 나라까지 침략한다.

7식에서도 7가지 감정이 일어난다. 지배욕이 충족되면 쾌락의 감정 희락애가 일어나고 지배하지 못하면 불쾌한 감정 애노오가 일어난다. 또 자기감정은 정당하다고 합리화시키는 욕欲이라는 이기적인 감정이 일어난다. 지배욕과 7가지 감정에 집착했을 때는 아수라 같은 신구의를 쓰게 된다. 이를 진심嗔心이라 한다.

불성佛性이 후뇌에 있을 때 8식(行)이 작용한다. 행식은 이성식, 지혜식이다.

8식에서는 전5식에서 일으키는 본능과 6식에서 일으키는 탐욕과 7식에서 일으키는 지배욕을 이성으로 절제한다.

8식에서도 7가지 감정이 일어난다. 이성적인 상대를 만나면 기뻐하는 감정 희락애가 일어나고, 축생 같고 아귀 같고 아수라 같은 상대를 만나면 불쾌한 감정 애노오가 일어난다. 또 자기감정은 정당하다고 합리화시키는 욕欲이라는 감정이 일어난다.

불성佛性이 정수리에 있을 때 9식(識)이 작용한다. 9식은 양심식, 직관식이다. 9식에서는 양심이 작용한다. 양심적일 때 직관이라는 지혜가 작용한다.

9식에서도 7가지 감정이 일어난다. 양심적인 상대를 만나면 기쁨의 감정 희락애가 일어나고, 어리석고 욕심많고 지배적인 상대를 만나면 불쾌한 감정 애노오가 일어난다. 또 자기감정은 정당하다고 합리화 시키는 욕欲이라는 감정이 일어난다.

9가지 업식으로 일으키는 9가지 마음과 63가지 감정을 백팔번뇌百八煩惱라 한다.

행복하려면 마음이 청정해야 한다. 마음이 청정하려면 백팔번뇌를 잘 다스려서 감정정리를 잘 해야 한다. 과한 욕심 부리지 말고, 쓸데없는 물건 쌓아두지 말고, 어리석고 욕심 많고 지배적인 사람과 얽히지 말고, 자기 내면에서 일어나는 망상을 내려놓아야 한다. 망상은 지나간 일에 대한 번뇌와 아직 오지 않은 일에 대한 번뇌, 즉 걱정 근심이다. 특히 참선수행자는 백팔번뇌를 잘 다스려야 한다. 번뇌를 다스리는 방법이 백팔배 또는 염불이다.

인간의 뇌는 쓰면 쓸수록 발달한다. 전5식을 습관적으로 많이 쓰면 전두엽의 뇌세포가 발달하고, 6식을 습관적으로 많이 쓰면 우뇌의 뇌세포가, 7식을 습관적으로 많이 쓰면 좌뇌의 뇌세포가, 8식을 습관적으로 많이 쓰면 후뇌의 뇌세포가, 9식을 습관적으로 많이 쓰면 정수리의 뇌세포가 발달한다. 습관은 업이 되고 업은 뇌를 발달시킨다. 인간은 자기가 지은 습관과 업과 뇌를 가지고 태어난다.

인간의 색수상행식, 즉 9가지 업식은 어머니 뱃속에서 열 달 동안에 만들어진 것이 아니다. 또 창조주 신이 만들어준 것도 아니다. 5아승지겁 동안 생사윤회하면서 스스로 창조한 업식이다. 화습난태생에서 인간으로 진화하면서 인간이 스스로 지었으므로 업식業識이라 한다.

불성의 근원이 공空이므로 색수상행식의 근원도 공이다. 그러므로 색즉시공 공즉시색이다. 색수상행식의 근원이 공이므로 일체중생이 본래 부처다. 인간이 색수상행식을 쓰는 것은 공의 기운을 쓰고 있는 것이다. 공의 기운이 불성佛性이다. 우주 안에 존재하는 모든 생명체는 한순간도 공의 기운으로부터 벗어날 수가 없다. 부처님 손바닥 안에 있다.

불교에서는 공을 부처님 또는 비로자나부처님이라 한다. 공은 이불理佛이고, 공을 깨달으면 사불事佛이다. 이불과 사불은 엄연히 다르다. 선불교는 공을 깨닫는 길을 알지만 신본주의 종교인들은 공을 깨닫는 길을 알지 못한다. 그러므로 공의 실체를 알지 못한다. 알지 못하기 때문에 신神으로 숭배하는 것이다. 알지도 못하고 막연하게 하나님으로 숭배하는 것이 우상숭배다.

7. 내가 깨달은 6도윤회

축생, 아귀, 아수라, 지옥(범죄자), 인간, 천상의 6도윤회는 그러한 현상세계가 있다는 뜻이 아니다. 인간은 축생같고 아귀같고 아수라같고 범죄자같고 인간같고 천사같은 6가지 마음을 쓴다는 뜻이다. 축생같이 어리석으면 축생같은 현실 속에서 살아야 하고, 아귀같이 탐욕적이면 아귀같은 현실 속에서 살아야 하고, 아수라같이 지배적이면 아귀같은 현실 속에서 살아야 하고, 어리석고 탐욕적이고 지배적이면 범죄자가 되어 지옥같은 현실 속에서 살아야 하고, 이성적이면 인간적인 현실 속에서 살아야 하고, 양심적이면 천상같은 현실 속에서 살아야 한다는 뜻이다.

①습관적으로 전5식을 많이 쓰면 전두엽의 뇌세포가 발달한다. 전두엽의 뇌세포만 발달하면 식탐중독 알코올중독 마약중독 연애중독 외도중독 섹스중독 게임중독 사치벽 낭비벽 스토커 등등 어리석은 신구의身口意를 쓴다. 어리석은 신구의를 쓰

면 축생같은 현실 속에서 살아야 한다.

②습관적으로 6식을 많이 쓰면 우뇌의 뇌세포가 발달한다. 우뇌의 뇌세포만 발달하면 도둑질 강도질 도박 사기 등등 탐욕스런 신구의를 쓴다. 탐욕스런 신구의를 쓰면 아귀같은 현실 속에서 살아야 한다.

③습관적으로 7식을 많이 쓰면 좌뇌의 뇌세포가 발달한다. 좌뇌만 발달하면 육체폭력 언어폭력 학대 망언 갑질 등등 사납고 투쟁적인 신구의를 쓴다. 사납고 투쟁적인 신구의를 쓰면 아수라같은 현실 속에서 살아야 한다.

④습관적으로 축생 아귀 아수라 같은 신구의를 많이 쓰면 전두엽 우뇌 좌뇌만 발달한다. 전두엽 우뇌 좌뇌 모두 발달하면 범죄자가 된다. 범죄자가 되면 감옥에 가야 하는 현실이 펼쳐진다.

불교에서는 범죄자를 지옥중생이라 한다. 범죄를 저지르면 내생에도 그 과보를 받아야 하기 때문에 지옥에 떨어진다고 하는 것이다.

그렇지만 지옥은 실제로 존재하지 않는다. 육체가 없으면 고통을 느끼지 못하는 법인데 화탕지옥이 있을 리가 없다. 이 생에서 지은 악업은 벗어나려고 발버둥쳐도 벗어날 수가 없는 족쇄와 같아서 다음 생에도 악과를 받지 않으면 안 되기 때문에 화탕지옥에 떨어진다고 하는 것이다.

목련존자의 어머니가 지옥에 떨어졌다는 뜻은 큰 죄를 지어 감옥에 갔다는 뜻이다. 우란분절에 지내는 천도재는 인도의 조령제를 불교에서 수용한 불교의식이다. 천도재는 조선시대 유교의 제사와 같은 하나의 의식일 뿐이다. 무덤을 만드는 일도 의미 없는 일이다. 불성은 한 조각의 빛이기 때문에 무덤에 가두어 둘 수 없다. 승려가 열반 후에 화장하는 이유다.

⑤습관적으로 8식을 많이 쓰면 후뇌의 뇌세포가 발달한다. 후뇌의 뇌세포가 발달하면 치탐진심을 이성으로 절제하면서 이성적인 신구의를 쓴다. 이성적인 신구의를 쓰면 인간적인 현실 속에서 산다.

인간은 이성적이지만 지족知足을 모른다. 더 많은 부와 권세를 얻으려고 탐욕을 부리다가 범죄자로 타락한다. 실제로 부와 권세를 거머쥔 권력자들이 암살당하거나 감옥 가는 꼴 뉴스에서 많이 보지 않는가. 이성적인 인간의 한계다.

⑥습관적으로 9식을 많이 쓰면 정수리의 뇌세포가 발달한다. 정수리의 뇌세포가 발달하면 양심적인 신구의를 쓴다. 양심적인 신구의로 치탐진심을 참회한다. 그러므로 번뇌에 시달리지 않아 마음이 평화롭다. 마음이 안정되고 평화로우면 천상에서 사는 것이다.

전5식 6식 7식에 집착해서 사는 사람은 하근기, 8식으로 사는 인간은 중근기, 9식으로 사는 사람은 상근기다. 하근기 중근기 상근기가 부와 권세를 얻으려고 투쟁하며 살아가는 인간세상을 삼계화택三界火宅이라 한다.

근기는 5아승지 겁이라는 오랜 시간 동안 자신의 신구의身口意로 지은 습관이다. 습관이 굳어지면 업業이 된다. 업은 근기가 된다. 근기는 바꾸기 어렵다. 그러므로 사람은 변하지 않는다. 근기는 자기가 스스로 창조한 업이므로 부모가 낳을 수 없고 바꿀 수도 없다. 근기를 바꾸려면 4념처관법을 수행해서 복덕을 쌓아야 한다. 복덕을 쌓아야 하근기는 중근기로, 상근기로 한 단계 한 단계 성숙 발전한다.

8. 내가 참구한 화두, 이 뭐꼬?

불도는 출세간 4대진리를 깨닫는 길이다. 출세간 4대진리를 깨달으면 열반락을 얻는다. 출세간 4대진리를 깨달으면 돈오頓悟라 한다. 돈오하면 보리살타 또는 대승이라 한다. 출세간 4대진리를 깨달으려면 화두참구를 해야 한다.

화두참구話頭參究는 '불성이 무엇일까? 불성이 무엇일까?' 거듭거듭 의문을 일으키는 수행이다. 머리로 의문을 일으키는 것이 아니라 심호흡과 함께 법계에 집중해서 불성에게 의문을 일으키는 수행이다. 불성에게 의문을 일으키면 불성이 답을 한다. 불성에게 의문을 일으켜서 답을 얻는 것을 자성정혜自性定慧라 한다. 참선은 자성정혜에 의해서 깨달음을 얻는 수행이다.

일상에서 일어나는 여러 가지 일에 대해서 여러 관점에서 의문을 일으키고 답을 얻는 것을 정사유正思惟라 한다. 내가 깨달은 4대진리를 어떻게 하면 체계적으로 정리해서 논리에 맞고 일관성 있게 표현할까? 인간은 누구인가? 중생심은 무엇인가? 근거는 무엇인가? 타인의 근기는? 타인의 입장은? 등등 여러 관점에서 의문을 일으키면 어느 순간 번개같이 답이 떠오른다.

출세간 4대진리는 자성정혜에 의해 깨달음을 얻는 것이고, 깨달음을 글로 표현하는 지혜는 정사유에 의해서 얻어지는 것이다. 나는 4대진리를 깨닫기 위하여 수천 번 수만 번도 더 의문을 일으켜 참구했고, 내가 깨달은 4대진리를 글로 표현하기 위하여 수천 번 수만 번도 더 정사유했다.

머리를 쓴다는 것은, 생각을 한다는 것은 '왜 그럴까?' 의문을 일으키는 것이다. '근거 있는 말인가? 합리적인 말인가? 경험해보고 하는 말인가?' 따져보는 것이다. 틀린 말을 해도 '그런가 보다', 맞는 말을 해도 '그런가 보다' 하고 비판 없이 사는 것은 생각 없이 사는 것이다. 비판력이 없으면 남의 말에 현혹돼서 불행한 삶을 살게 된다.

탐구력은 의문을 일으키고 답을 얻는 능력이다. 탐구력이 있는 사람이 출세간 4대진리를 깨달을 수 있고 창의적인 글도 쓸 수 있다. 탐구력과 창의력이 뛰어난 보살은 미륵보살이다. 미륵보살은 탐구력과 창의력이 뛰어나기 때문에 미래에 부처님으로 성불한다.

탐구력은 관심으로부터 시작한다. 관심이 있어야 궁금해지고, 궁금해지면 탐구하게 된다. 내 나이 36세였다. 광주에 있는 한 비구니 스님이 '구산 스님은 생불'이라고 하였다. '살아 있는 부처? 생불은 어떻게 생겼을까?' 무척 궁금해서 비구니 스님을 따라서 1981년 3월 불사 때 처음으로 송광사에 갔다. 고 구산 스님을 친견했는데, 신선같다고 느끼면서 환희심이 일어났는데 그 순간 구산 스님이 "엄마 만난 어린애처럼 좋아하는구먼!" 하셨고, 속마음을 들킨 것 같아 머쓱했다.

경내를 이리저리 둘러보다가 「불일회보」를 보고 하기 4박5일 동안 참선수련회가 있다는 것을 알았다. '참선은 어떻게 하는 걸까?' 또 궁금해져서 그해 8월 수련회에 참가했다. 수련회에 참가해서 구산 스님의 법문을 듣고 '이 몸뚱이 끌고 다니는 주인공은 무엇일까?' 또 의문이 일어났다. 생불에 대한 관심으로부터 출발한 궁금증이 꼬리에 꼬리를 물고 일어나 4대진리를 깨달을 수 있었다.

화두를 참구할 때는, 즉 자성정혜를 할 때는 선정禪定과 선혜禪慧를 쌍으로 다스려야 한다. 호흡만 다스리면 묵조선이다. 묵조선, 염불선, 위빠사나는 왜곡된 수행방법이다. 염불에다 선禪을 붙이다니! 말 자체가 틀렸다. 묵조선, 위빠사나, 염불로는 4대진리를 깨달을 수 없다.

오만한 사람은 모르면 알려고 노력은 하지 않고 자기 멋대로 단정 짓거나 왜곡해 버린다. 왜곡해 놓고 정답이라고 주장한다. 7식에서 일으키는 지배욕 때문이다. 자기가 잘났다고 생각하기 때문이다. 겸손하지 않기 때문이다. 참선수행을 자기 멋대로 왜곡하지 말아야 한다.

색수상행식 9가지 업식을 소멸하고 출세간 4대진리를 깨달으려면 선정과 선혜를 쌍으로 다스려야 한다. 출장식 호흡으로 육체의 호흡을 다스리는 것은 선정禪定이라 하고, 불성에 집중하는 것을 선혜禪慧라 한다.

선정을 다스리려면 호흡에 집중해야 하고, 선혜를 다스리려면 법계法界에 집중해야 한다. 호흡에 집중할 때는 들이쉴 때 '이' 하면서 짧게 들이쉬고 내쉬면서 '뭐꼬~' 하면서 단전 밑으로 길게 내려 쉬는 출장식 호흡을 해야 한다. 드는 호흡에 집중하고 나는 호흡에 집중하기를 순일하게 해야 한다. 호흡에 한두 번 집중하다 망상 피고, 호흡에 한두 번 집중하다 망상 피면 순일하지 못한 것이다. 이 몸은 죽은 몸이라고 생각하고 비장한 마음으로 30분정도만 호흡에 집중하면 심우의 단계에 이른다.

나는 죽기 살기로 정진했기 때문에, 정진이 너무 흥미로웠기 때문에 강력하게 집중할 수 있었다. 그러므로 망상이 일어나지 않았다. 망상이란 이미 지나가버린 과거의 기억과 아직 오지 않은 미래의 생각들이다. 과거의 기억이 떠오르면 '과거의 망상이다', 미래의 생각이 떠오르면 '미래의 망상이다' 하고 망상임을 깨달으면 망상이 사라진다.

출장식 호흡을 바르게 하면 복압이 들어간다. 그러므로 호흡 근육이 강화되면서 척추가 반듯해진다. 척추가 반듯해야 건강하다. 출장식 호흡은 아주 깊게 내리쉬는 호흡이므로 전신으로 산소 흡입이 잘돼서 건강해진다. 출장식 호흡을 오랫동안 꾸준히 하면 심장박동수가 10정도 줄어든다. 심장박동수가 안정되면 교감신경이 안정되어 마음이 평온해진다. 그러므로 숙면을 취한다. 건강하지 못한 근본 이유는 반복되는 스트레스와 저산소와 저체온이다. 백팔번뇌로 인해 받아야 하는 스트레스와, 얕은 호흡으로 인한 저산소와 운동부족으로 인한 저체온이라고 생각한다.

나는 출장식 호흡을 하기 때문에 호흡이 안정됐다. 내일 모레가 80이지만 내 몸은 상하좌우가 반듯하다. 어깨, 허리, 무릎 전혀 아프지 않다.

선혜를 닦을 때는 법계에 집중해야 한다. 법계는 안식 이식 비식 …… 9가지 업식에 집중 하는 것이다. 법계에 집중할 때는 눈은 반개하고 1m 전방에 바늘구멍이 있다고 생각하고 바늘구멍에 집중해서 '불성은 무엇일까? 불성은 무엇일까?' 거듭거듭 의문을 일으켜야 한다. 목숨을 내놓는다는 비장한 각오로 선혜를 닦으면 법계가 바늘구멍만 하다가 우주만큼 커진다. 이때 인우구망人牛俱忘의 경지에 이른다. 이 경지에서는 호흡이 발바닥까지 내려가서 호흡이 안정돼서 죽은 듯 숨소리도 들리지 않는다.

출장식 호흡으로 선정을 닦는 수행은 쉽다 그렇지만 선혜를 닦는 수행은 무척 어렵다. 내면을 보는 혜안이라는 눈이 하나 더 있어야 선혜를 닦을 수 있다. 밤낮을 가리지 않고 정진해도 법계에 집중하지 않으면 깨달음을 얻을 수 없다.

화두참구는 어렵다. 무릎이 끊어질 듯 아파도 참아야 하고, 수마睡魔가 정신없이 찾아와도 참아야 하기 때문이다. 가부좌를 하고 화두참구를 하면 정신없이 잠이 쏟아진다. 특히 심우, 목우의 단계에서 잠을 이겨내기 어렵다. 몽롱한 상태에서 정진하는 것은 시간낭비다. 단 한 시간을 정진하더라도 효율적으로 해야 한다. 잠을 이겨내려면 잠깐 자거나 걸으면서 하면 된다. 나는 잠을 이겨내기 위하여 무등산 속의 사람 없는 곳에서 정진하거나 밤에 걸으면서 집중적으로 정진했다. 철야정진도 해봤지만 효과적이지 않았다. 밤새도록 정진할 수는 없는 일이다. 화두참구는 단 한 시간을 하더라도 효과적으로 해야 한다.

화두참구는 죽음도 마다하지 않는 정신력이 강해야 할 수 있는 수행이다. 아무나 할 수 없는 정말 어려운 수행이다. 나는 36

세에 화두참구를 시작해서 60세가 됐을 때는 무릎이 비뚤어져서 걸을 수조차 없었다. 가부좌 자세가 잘못되면 골반이 비틀어지면서 무릎이 상한다. 지금은 좋아져서 산행도 문제없다.

화두참구하려면 외로움도 가난함도 참아야 한다. 사람들과 어울리기를 좋아하면 남과 얽혀서 스트레스를 받게 되고 마음이 산란하여 집중할 수 없다. 나는 세속에 살았지만 수행자처럼 외롭게 살았다. 타향이라 일가친척 하나 없었고, 그 흔한 친목계도 없었다. 나 자신을 의지해서 독립적으로 살았다. 혼자 있어야 공부도 잘 할 수 있고 참선수행도 잘 할 수 있다.

9. 내가 깨달은 십우도

중국의 임제 스님은 할! 하거나 주장자를 탕탕 치거나 황당한 선문답을 했다. 고 성철 스님은 '산은 산이요 물은 물'이라는 오도송을 했다. 또 '중국의 어느 스님은 방아를 찧다가 깨쳤다. 금강경 읽는 소리를 듣고 깨쳤다. 촛불을 끄자마자 깨쳤다. 엄지손가락을 잘려서 깨쳤다'고 한다. 무엇을 깨쳤다는 것인지 도대체 이해할 수 없다. 그런데 한국의 선승들은 중국선 임제선이 최고라며 오도송悟道頌이며 선문답禪問答을 따라 한다.

임제나 성철 스님은 무심도인이다. 왜냐? 애매모호한 오도송이나 구름 잡을 듯한 선문답을 했기 때문이다. 보리살타는 애매한 선문답을 하지 않는다.

깨달음이란 출세간 4대진리를 깨달은 것이다. 4대진리를 깨달으면 돈오頓悟 또는 법등명이라 한다. 출세간 4대진리를 깨달으려면 9가지 업식을 소멸해야 한다. 업식을 소멸하면(깨치면)

무심도인, 출세간 4대진리를 깨달으면 보리살타이다. 무심도인을 소승이라 하고 보리살타를 대승이라 한다. 소승과 대승은 엄연히 다르다.

무심도인은 안식을 깨친 무심도인이 있고, 비식을 깨친 무심도인이 있으며, 설식을 깨친 무심도인, 신식을 깨친 무심도인, 수(6식)식을 깨친 무심도인, 상식(7식)을 깨친 무심도인, 행식(8식)을 깨친 무심도인, 식식(9식)을 깨친 무심도인이 있다. 무심도인이 수행하는 불교를 소승불교라 한다.

무심도인은 업식은 소멸했지만 돈오하지 못했기 때문에 보리심이 없다. 보리심이 없으면 자등명의 삶을 살지 못한다. 그러므로 무심도인은 아직 대심범부다. 무심도인은 4대진리를 깨닫지 못했기 때문에 보조국사의 돈오점수를 이해하지 못한다. 그러므로 돈오점수는 해오라고 폄하하거나 점수漸修를 보살행으로 오해하는 것이다. 백두산을 중간쯤 오르고는 천지연을 보았다고 말하는 것과 같다. 무심도인의 주장에 현혹되지 말아야 한다. 무심도인과 보리살타는 급이 다르다.

십우도十牛圖를 모두 깨달아야 보리살타이며 대승이다. 십우도를 깨달아야 법등명한 보리살타이다. 십우도를 깨달아야 돈오한 보리살타이다. 십우도야말로 돈오하는 길, 즉 4대진리를 깨닫는 길을 정확하게 가르쳐주는 스승이다. 십우도를 모두 깨달은 보리살타가 수행하는 불교를 대승불교라 한다.

십우도는 색수상행식 9가지 업식을 소멸하고 공空으로 돌아가는 과정을 표현한 그림이다. 다시 말하면 법등명法燈明하는 과정, 즉 돈오頓悟하는 과정을 나타낸 그림이다. 화두참구를 바르게 하면 십우도와 같은 선경계를 그대로 체험한다.

① 심우尋牛

내가 태어난 시대는 해방된 해로, 여자는 가정에서나 사회에서나 남자들에게 무시당하는 삶을 살아야 했다. 남자는 하늘 여자는 땅, 남편이 축첩을 해도 참아야 했고, 암탉이 울면 집안이 망하고, 시집을 가면 보아도 못 본 체, 들어도 못 들은 체, 알고도 모르는 체 하면서 눈 봉사로 3년, 귀머거리로 3년, 벙어리로 3년을 살아야 하는 남존여비라는 유교적 관념 속에서 살았다. 가정에서도 아들은 존중받고 딸은 무시당했다. 그러다보니 남자들은 자기 마음대로, 자기 하고 싶은 대로 살았고, 여자는 남자에게 순종해야 하는 모순된 사회였다. 여자에게는 지옥 같은 사회였다. 요즘 여자들은 상상도 못할 것이다.

내가 열 살 무렵 내 어머니는 묻지도 않았는데 "죄가 많으면 여자로 태어난다. 계집년이 중학교 가면 뭐하냐. 딸은 시집가면 남의 집 귀신이다. 아들이 내 제사도 지내준다"며 무시하는 말을 맘껏 해놓고 재혼해 버렸다. 그때 받은 상처는 지금도 잊혀지지 않는다.

순백의 어린 나는 자아존중감은 사라지고 죄 많고 못난 여자라는 열등감과 함께 남자는 완벽한 존재라는 그릇된 관념이 자리 잡았다. 완벽한 남자에게 순종해야 생존할 수 있다는 착한 여자 콤플렉스까지 생겼다.

성년이 되어 남자는 완벽한 존재인 줄 알고 걱정 없이 결혼을 했는데, 괴로움만 제공하는 어리석고 이기적이고 무식한 남자였다. 이 남자는 중요한 일인데도 나와 상의하는 일이 단 한 번도 없었다. 말없이 자기 마음대로 선수를 쳐버리니 당해낼 재간이 없었다. 일방적으로 당하다 보니 속이 많이 상했지만 항의한 번 못하고 참기만 했다. 죄 많은 여자는 참아야 한다고 생각했다. 여자는 벙어리처럼 살아야 한다고 생각했다.

어머니의 갑질은 나를 바보로 만들었다. 어머니가 원망스러웠다. 어렸을 때 어머니가 기를 죽였으니 기를 못 피고 사는 것은 당연지사. 수십 년이 흐른 뒤에야 어머니에게 항의했더니 '내가 언제 그런 말 했냐?'며 까마득하게 잊고 있었다. 나 참 어이가 없어서! 모국어는 자식의 행불행을 좌우한다. 유명한 강사가 어렸을 때 부모에게 듣고 배운 말을 모국어라 표현했다.

내 어머니만 말을 함부로 하는 것이 아니다. 사람들은 말을 함부로 해놓고, 항의하면 그런 말 한 적 없다고 오리발이다. 심하면 자기는 옳은 말 했는데 네가 잘못이라고 역습을 가한다. 말을 함부로 해놓고 미안하다고 사과하는 사람을 본 적이 없다. 말을 함부로 내뱉은 사람은 잊어버리지만 상처를 받은 사람은 잊지 못한다. 그러고 보면 말처럼 어려운 것도 없다.

참기 어려웠던 것은 대책 없이 사고를 쳐 놓고 수습도 하지 못하고 미안하다는 말 한 마디 없이 가출하는 버릇이었다. 바람 나서 가출하고 사기꾼 따라 가출하고… 홍길동처럼 대책 없는 인간이었다. 뭐 이런 인간이 다 있어! 듣도 보도 못한 인간이 내 남편이라니! 억울했다. 괴로웠다. 헤어지고 싶었지만 자식들 때문에 참아야 했다. 바보처럼 참고 또 참다 보니 화병이 생겼다.

화병은 심한 스트레스를 받아서 심혈관이 수축하는 큰 병이다. 수축했을 때는 가슴이 불같이 뜨거워 무척 괴롭다. 화병은 마음의 병이므로 참선수행을 하면 화병으로부터 벗어날 수 있을 것 같아서 1981년 8월 송광사 하기 참선수련회에 참가했고, 구산 스님께 '이 뭣고?' 화두참구하는 법을 배웠다. 화병으로부터 벗어나려는 절박한 심정으로 정진을 했는데, 깨달음을 얻을 수 있었다. 위기는 기회였다. 화병이라는 고통은 내 인생을 살 수 있는 계기를 안겨주었다. '답이 없는 이 남자 포기하고 관심 끄고 내 인생을 살아야겠다'고 결심했다. 내 인생을 살기 위하여 내가 누구인지 나를 깨닫기 위하여 죽기 살기로 정진했다. 정진에 몰두하다 보니 화병은 서서히 사라져갔다. 그때 내 나이 36세였다.

여자라는 열등감이 있으면 자아 존중감이 없다. 자아 존중감이 없으면 주체적인 삶을 살지 못한다. 자신의 삶을 살지 못하고 남편을 위해서, 자식을 위해서 참고 참으며 희생하는 삶을 살게 된다. 남편이든 자식이든 모두가 인연으로 만난 남남인 줄도 모르고 어리석게 산다. 남편과 자식 위해서 희생해도 늙어서 쓸모없으면 토사구팽 당한다. 남는 것은 늙고 병든 몸뿐이다. 죽기 직전 후회해도 아무 소용없다. 슬픈 여자의 일생이다.

희생은 덕목이 아니다. 석가모니도 희생하라고 하지 않았다. 자기 자신을 의지해서 자신의 삶을 살라고 가르치셨다. 부모의 책임이라 할지라도 내 역량만큼만 무주상으로 베풀어야 한다. 나를 희생하면서 베풀어도 자식은 고마운 줄 모른다. 인간은 이기적인 동물이라 당연하다고 생각한다. 희생한 부모는 원망하는 마음이 생기고 억울함만 남는다. 내 것 주고 코 베인 격으로 살 필요 없다. 자신의 삶을 살 수 있는 여자가 똑똑한 여자다.

삶의 주체는 나 자신이다. 세상에서 가장 소중한 것은 자기 자신이다. 나는 우주에 하나뿐인 소중한 존재라는 자존감, 나의 근원은 부처라는 자존감이 있어야 한다. 또 자존감이 있는 사람은 정신력이 강하다. 자존감과 정신력만 있으면 건강한 체력과 경제력은 따라온다. 자존감과 정신력이 강한 사람은 부단히 노력하기 때문이다.

송광사의 사자루에서 참선을 시작했는데, 왼쪽 무릎에 염증이 있었기 때문에 가부좌를 할 수 없는 상태였다. 무릎이 정말 끊어질듯이 아팠다. 그렇지만 죽기를 작정하고 이를 악물고 들고 나는 호흡에 집중했다. 어떻게나 아프던지 호흡에 의지할 수밖에 없었고, 아픔 때문에 망상이 끼어들 틈도 없었다. 이 몸은 죽은 몸이라고 생각하고 비장한 심정으로 들이쉴 때 짧게 내쉴 때 길게 내쉬는 출장식 호흡에 집중했다. 어느 순간 내 몸이 구름 위에 있는 듯 새털처럼 가벼웠고 무릎도 아프지 않았다. 정말 신기했다. 내 생전 처음으로 신기한 체험을 했다. 신기한 체험을 그냥 묻어버릴 내가 아니다. 정진하려는 열정이 불같이 타올랐다.

그때 청하지도 않았는데 어떤 비구가 다가와 자기는 "백척간두진일보百尺竿頭進日步 하지 못하고 있다"면서 나보고 용쓰지 말라고 기를 꺾었다.

또 다른 스님은 "정진하려면 남자의 몸으로 태어나라"고 했다. 그렇다면 수행하지 말고 죽으란 말인가? 정진하려는 열정으로 가득 찬 나에게 찬물을 끼얹었다. 여자라는 이유 하나만으로 어렸을 때는 어머니에게 무시당하고 지금은 스님들까지 무시한다.

광주의 한 사찰에서 어떤 스님이 보살들을 앉혀 놓고 법상에 올라 법문하기를 "여자는 애욕이 많기 때문에 성불할 수 없다"고 석가모니의 말씀이라며 여자를 비하했다. 그렇다면 남자는 애욕이 없는 목석이란 말인가? 남자라면 모두 성불할 수 있다는 말인가? 그것도 법문이라고 하는가? 반문하고 싶었다. 일체 중생이 본래 부처임을 깨달은 석가모니가 불법과 위배되는 말을 할 리가 없다. 여자는 출가수행하기 어렵다고 했을 것이다. 반드시 깨달음을 얻어서 여자도 사람임을! 여자도 깨달음을 얻을 수 있음을 보여주마!

남자는 여자를 힘으로 지배하려는 동물적 지배욕을 가지고 태어난다. 지배욕 때문에 지독한 편견을 갖고 살아간다. 남자는 존중받아야 하고 여자는 순종해야 한다고 생각한다. 남자는 왕이고 여자는 시녀로 생각한다. 남자는 칭찬받기를 좋아하고 인정받기를 좋아하면서 여자를 칭찬할 줄 모르고 인정할 줄 모른다. 여자의 마음은 힘으로 지배할 수 없다.

지배욕이 강한 남자는 만만한 여자를 좋아하고 똑똑한 여자를 싫어한다. 똑똑한 여자는 자기 마음대로 쥐락펴락할 수 없기 때문이다. 지배욕이 강한 남자는 바보 같은 여자를 만나서 자기 멋대로 살다가 불행해진다. 똑똑한 여자를 인정할 줄 아는 겸손한 남자가 똑똑한 여자를 만나서 행복하게 산다.

누군가 말했다. '남자의 뇌는 대가리고 여자의 뇌는 머리다.' 남자는 거칠고 단순하고 여자는 온순하고 섬세하다는 뜻일 게다. 거칠고 단순하니까 지 죽을 줄 모르고 전쟁을 일으키는 것이다. 남자의 생각주머니가 두 개라면 여자의 생각주머니는 6개다. 생각주머니가 6개는 있어야 생명을 잉태하고 성숙한 인간으로 키워낼 수 있는 것이다. 여자를 무시하는 것은 생명을 무시하는 것이나 다름없다.

세상만물은 음과 양이 존재한다. 인간도 그렇고 동물도 그렇고 모든 사물이 다 그렇다. 음과 양은 모양도 다르고 역할도 다르고 특성도 다르다. 서로의 특성을 서로 존중하고 협력해야 행복한 삶을 살 수 있다.

수련회는 4박 5일이었는데 3일째 되던 날 십우도의 심우尋牛의 단계에 이르렀다. 심우는 역행하기 위하여 유턴하는 첫 단계다. 심우는 황소를 찾아 나선다는 뜻이고, 황소는 불성을 뜻한다. 인간은 화습난태생에서 진화한 존재다. 화생일 때의 불성은 있는 듯 없는 듯 미약하지만 인간으로 진화하면서 우주의 기운이 불성에 모이고 쌓여서 황소처럼 세졌다.

9가지 업식을 소멸하려면 황소처럼 센 불성을 붙잡고 내면으로 내면으로 공空에 이를 때까지 역행逆行해야 한다. 역행은 쉽지 않다. 강물을 거슬러 올라가기도 쉽지 않은데, 업식을 역행하는 일은 절체절명의 순간이라야 가능한 집중력이 있어야 한다. 조금만 잡념이라도 끼어들면 집중할 수가 없다.

3일째 되던 날 전생의 내 모습을 선경계로 볼 수 있었다. 머리에는 삿갓을 쓰고 키보다도 더 큰 주장자를 짚고 송광사에서 천자암으로 가는 4,50대의 선승의 모습이었다. 처음에는 의아했다. 너무나 선명해서 '내가 왜, 이런 동양화를 보는 거지? 나는 동양화를 연상한 적이 없는데… 이건 무엇이지? 이건 뭐지?' 자꾸 의문이 일어났다. 어느 순간 전생의 내 모습임을 깨달을 수 있었다. 그럴 리가? 부정하면 알 수 없는 기운이 나를 짓눌렀다.

1981년 보조국사 3월 불사 때 처음으로 송광사를 가게 됐다. 일주문 앞에서 잠깐 발을 멈추고 경내를 살폈는데 그 순간 내 집에 온 듯이 고요하고 아늑하면서 묘한 기운을 느꼈었다. 말로 설명할 수 없는 묘한 이 기운은 뭐지? 이 느낌은 뭐지? 궁금했지만 알 길이 없어서 잊어버렸었는데 이제 깨달았다. 나는 800년 전에 송광사에 살았던 선승禪僧이었다.

예전에 꿈속에서 절집 앞에 있는 샘물을 세 번이나 본 적이 있었다. 왜 똑같은 꿈을 세 번이나 꾸는 거지? 이상하다 생각했지만 잊어버렸다. 꿈에서 본 샘물이 송광사에 있었다. 누가 뭐

래도 나의 전생은 송광사의 선승이었다. 선승의 업을 지은 내가 결혼해서 세속의 행복을 추구했으니 행복할 수가 없구나! 모두가 내 탓이로다.

사실은 24세 때 한 달 정도였을까? 머리가 구름 속에 갇힌 듯 안개 속에 갇힌 듯 맑지 않고 멍해서 생각을 할 수가 없었다. 생각이 없으니 말이 없었다. 누가 싫은 소리를 해도 대응하지 않고 침묵했다. 지금 생각해보면 무심無心이었다. 무심한 상태로 36세까지 살았다.

무심한 상태로 36세까지 살다가 정진하자마자 깨달을 수 있었던 것이다. 실제로 정진해보니 24세 때처럼 구름 속에 갇힌 듯 안개 속에 갇힌 듯 멍해서 생각할 수가 없었고 망상이 일어나지도 않았다. 정진을 할 수밖에 없었다. 열심히 정진을 해서 심우의 단계에서 전생을 깨달았다. 전생을 깨달았을 때 숙명통 宿命通이라 한다. 전생을 깨달으면 극락세계 도솔천에 살았음을 직감으로 알 수 있다. 전생만 깨달아도 수자상이 사라진다. 수자상이 사라지면 육체에 대한 집착, 물질에 대한 집착이 사라지고 양심을 속이지 않고 정직하게 살게 된다.

심우의 단계에서 전생을 깨달을 수 있었다. 심우를 두 번, 세 번, 네 번 반복하면서 전생 전전생 전전전생까지 깨달을 수 있었다. 나의 전생은 역사적으로 명성 있는 선승이었지만 믿기 어려울 것이므로 말할 필요는 없겠다.

나의 전생을 깨닫고 나면 저 사람은 전생에 어떠한 업을 쌓은 사람인지 그 사람의 근기를 살피게 된다. 유명한 정치가나 세계적인 거부처럼 현세에서 유명한 인물은 역시 전생에서도 두각을 나타냈던 인물이다. 유명한 악인도 전생부터 악행을 저질러 악업이 쌓이고 쌓인 지옥중생이다. 고 정주영 회장이 다시 태어나면 반드시 두각을 나타내는 인물이 될 것이다. 제법연기諸法緣起이므로 이생에서 원인과 결과로 맺은 인연은 다음 생으로 이어진다.

내가 글을 쓰는 것도 전생부터 쌓아온 나의 습관이요 업이다. 선업이든 악업이든 죽고 다시 태어나도 사라지지 않고 똑같은 습관으로 살게 된다. 습관이 쌓이고 쌓이면 업業이 된다. 습관은 관성이 있기 때문에 한 번 하면 두 번 하게 되고, 한 달만 반복하면 습관이 되어 버린다. 습관은 다시 태어나도 사라지지 않고 이어진다. 이를 제법연기諸法緣起라 한다. 습관은 참으로 무섭다. 나쁜 짓도 세 번만 하면 습관이 되어 버린다.

심우의 단계에서 전생은 깨달았지만 불법이 무엇인지 알 수 없었다. 반야심경은 무슨 뜻일까? 금강경은 무슨 뜻일까? 화엄경은 왜 그렇게 방대할까? 석가모니는 무엇을 깨달았을까? 돈오점수는 무슨 뜻일까? 법등명은 무엇이며 자등명은 무슨 뜻일까? 돈오점수는 무슨 뜻일까? 여러 가지 의문이 강하게 일어나서 밤낮을 가리지 않고 정진에 몰두했다. 나는 궁금하면 못 견딘다. 반드시 알아야 직성이 풀린다. 나는 불법에 대한 탐구심은 강렬했지만 부와 권세에 대한 관심은 별로 없었다.

선혜를 닦을 때는 법계法界에 집중해야 한다. 눈은 반개하고 코 끝 너머 1미터 앞, 집중하는 이곳이 법계다. 법계에 집중해서 정혜쌍수를 하노라면 은산철벽銀山鐵壁이 가로막는다. 은산철벽은 말 그대로 은으로 만든 철같이 단단한 벽이다. 은산철벽에 집중해서 선정을 닦았다.

은산철벽을 뚫어야 안식으로 역행할 수 있다. 은산철벽을 뚫는 일은 바위를 뚫는 일처럼 어렵다. 죽기를 작정하고 정진에 몰입했다. 강렬한 탐구심이 있어서인지 정진은 그 어떤 일보다 흥미로웠다.

예전에 어떤 비구가 자기는 서울대 총장이나 다름없는 강원장이라며 내가 쓴 글을 읽지도 않았다. 70평생 동안 눈물겨운 인생을 살면서 어렵게 깨달은 체험담인데 무시당한 것이다.

하근기는 듣고 싶은 것만 듣고, 믿고 싶은 것만 믿고, 보고 싶은 것만 본다. 큰스님의 말은 틀렸는데도 비판 없이 맹신한다. 그렇지만 여자의 말은 옳은 말인데도 무시한다. 경전을 달달 외우는 강원장이라 해도 심우의 경지에 이른 무심도인만 못하다.

강원장은 경전을 해석할 수는 있어도 심우의 경지를 체험하지 못했기 때문이다. 선불교는 체험이지 이론이 아니다.

② 견적見跡

견적은 안식, 이식, 비식, 설식까지 역행한 경지다. 코뚜레 없는 황소를 강력한 집중력으로 꼭 붙잡고 소몰이를 하노라면 안식에 이른다. 안식에 이르면 불성이 눈에 있음을 느낄 수 있다. 눈이 법계다. 눈에 집중해 선정을 닦았다. 불성이 귀에 있음을 느낄 수 있었다. 귀에 집중해서 들여마실 때 짧게 내쉴 때 가능한 길게 내쉬는 출장식 호흡을 했다. 안식, 이식, 비식, 설식으로 역행했다. 설식까지 역행하면 안식, 이식, 비식, 설식을 깨친 무심도인이다.

설식까지 역행한 무심도인은 "보아도 본 것이 아니고 들어도 들은 것이 아니며 냄새를 맡아도 냄새를 맡은 것이 아니며 먹어도 먹은 것이 아니다"라는 선문답禪問答을 한다. 선문답은 업식을 깨쳤을 때의 느낌을 말하고 답하는 것이다.

③ 견우見牛

견우는 불성을 신식身識까지 역행한 경지다. 신식까지 역행해서 신식을 깨친 무심도인의 경지다. 신식에 이르면 불성이 몸에 있음을 느낄 수 있다. 몸이 법계다. 법계에 집중해서 정혜쌍수했다. 이 경지에서 선경계는 황소의 꼬리를 본다.

신식까지 역행할 때는 생각할 수가 없다. 불성이 신식에 잡혀 있기 때문에 수상행식은 작용하지 않는다. 그러므로 개념도 없고 생각도 없다.

④ 득우得牛

득우의 경지에서의 선경계는 거칠게 날뛰는 황소를 본다. 득우는 불성을 수식(6식)까지 역행한 경지다. 6식까지 역행해서 수식을 깨친 무심도인의 경지다. 수식까지 역행했을 때는 불성이 고삐 풀린 황소와 같다.

견적까지는 눈 귀 코 혀 몸 어디에 이르렀는지 확실하게 알 수 있었지만, 득우는 나의 몸 어디에 이르렀는지 알 수 없었다. 그렇지만 사력을 다해 정진했다. 이 경지에서 참기 어려운 것은 정신없이 찾아오는 수마睡魔였다. 수마를 이겨내기 위하여 위험을 무릅쓰고 밤에 걸으면서 정진했다. 무등산 속 한적한 곳에서도 정진했다. 밥을 먹었는지 안 먹었는지, 잠을 잤는지 안 잤는지 몰랐다. 정진에 미쳐 있었다.

이 경지에 이르러서야 십우도의 득우를 체험하는 것 같다는 생각이 들었다.

⑤ 목우牧牛

목우는 불성을 상식(7식)까지 소몰이한 경지, 즉 상식까지 역행한 경지다. 상식까지 소몰이해서 상식을 깨친 무심도인의 경지다.

상식에 이르면 소녀처럼 감정이 풍부해진다. 가을의 청명한 달빛을 보면 내 감정도 시리도록 청정해진다. 청정한 달빛이 너무 좋아 잠자기 싫어지고, 아름다운 꽃들의 화사함을 보면 '정말 예쁘구나!' 탄성이 절로 난다. 감정적이다 보니 세파에 휘둘리기 쉽다. 사람을 멀리해야 한다.

⑥ 기우귀가騎牛歸家

기우귀가는 불성을 행식(8식)까지 소몰이한 경지다. 행식까지 역행해서 행식을 깨친 무심도인의 경지다.

기우귀가의 선경계는 코뚜레 없는 황소가 정면에서 나를 향해 돌진했다. 이 경지에서는 풍부하던 감정은 사라지고 마음이 안정된다. '산을 보아도 산인가 보다. 물을 보아도 물인가 보다.' 좋아하는 산 좋아하는 물이라는 감정이 일어나지 않았다.

고 성철 스님은 8식까지 깨친 무심도인이다. 왜냐하면 8식 아뢰야식을 주장했고 '산은 산이요 물은 물'이라는 선문답을 했기 때문이다. 인도의 불교철학자 세친도 유식론唯識論에서 인간의 의식구조는 전5식 6식 7식 8식(아뢰야식)이 있다고 주장했다. 고 성철 스님도 세친도 9식을 모른다는 뜻이다.

중국의 혜능, 임제도 무심도인이다. 한국의 선승들도 거의 무심도인이다. 무심도인은 업식을 깨쳤을 때(소멸했을 때)의 느낌을 선문답으로 표현한다. 3법인과 불성 4대진리를 설하는 선승이 대승이요 보리살타이다. 무심도인과 보리살타는 엄연히 다르다.

무심도인도 애매모호한 선문답, 애매모호한 오도송 하지 말아야 한다. 안식을 깨쳤다, 이식을 깨쳤다, 비식을 깨쳤다 …… 어느 업식을 깨쳤노라고 정확하게 말해야 한다.

눈 덮인 들판 걸어갈 때는
함부로 어지럽게 걷지 말라
오늘 내가 남기는 이 발자국은
뒤에 오는 사람의 이정표가 될 것이니
_서산대사

⑦ 망우존인忘牛存人

망우존인은 불성을 9식까지 소몰이한 경지다. 9식까지 소몰이해서 9식을 깨친 무심도인의 경지다.

망우존인의 경지에서는 황소는 사라지고 나 자신만이 존재한다. 본능도 소유욕도 지배욕도 머리로 계산하는 이성도 일어나지 않았다.

망우존인의 경지에서는 선경계가 사라져서 집중할 수가 없었다. 어찌할 바를 모르다가 고 구산 스님을 친견하고 "선경계가 사라져서 집중할 수가 없습니다." "더 정진해!" 딱 한 말씀 하신다. 더 정진해서 인우구망의 경지에 이르렀다.

⑧ 인우구망人牛俱忘

인우구망은 9가지 업식을 역행하고 색수상행식의 근원, 공空으로 돌아가 공과 일체가 된 경지다. 청정법신 비로자나불과 일체가 된 경지다. 공과 일체가 되었을 때 열반적정이라 한다. 업식을 깨친 무심도인이 인우구망에 이르려면 수십 생을 더 정진해야 한다.

공은 눈으로 볼 수 없는, 우주가 생기기 이전부터 존재하는 태초의 기운이다. 이 기운을 불교에서는 청정법신 비로자나불이라 한다.

공과 일체가 되어 열반적정을 깨달으면 우주 전체가 나라는 느낌이 든다. 내가 우주보다 커져서 지구를 떠난 느낌이고, 중력이 없는 허공에 있는 느낌이다. 색수상행식 업식이 소멸돼서 소아가 사라졌기 때문이다. 소아가 사라지면 현실은 괴로운 일들로 가득한데도 마음은 괜히 즐거워 행복감으로 가득하다. 몸은 유연하고 가벼워 하늘을 날 것 같다. 걱정근심이 없어 숙면을 취하므로 꿈도 꾸지 않는다. 어쩌다 꿈을 꾸면 새처럼 하늘을 훨훨 나는 꿈을 꾼다. 꿈속에서도 행복하다. '참으로 행복하구나!' 행복은 마음 깊은 곳에 있었다. 그렇지만 제법무아와 제행무상에 대해서는 잘 모른다.

인우구망에 이르렀을 때 고 구산 스님을 친견했다. "우주 전체가 저입니다"라고 말씀드렸더니 "더 정진해! 거기에 머무르면 벌레로 태어난다"고 말씀하셨다. 몸과 마음이 너무나 편안하고 행복해서 극락과 같으므로 이 경지에 안주할 수 있다.

만약에 선문답하는 무심도인에게 '우주 전체가 저입니다' 했더라면 망상피지 말라며 호통이나 쳤을 것이고 나는 혼란에 빠졌을 것이다. 구산 스님은 여자라고 무시하지 않았다. 역시 보리살타는 달랐다. 내가 깨달음을 얻을 수 있었던 것은 구산 스님을 만났기 때문이다. 구산 스님과 인연이 없었더라면 혼자서 얼마나 방황했을까? 구산 스님의 하늘같은 은혜 잊지 않고 늘 감사드린다.

문외한인 내가 글을 쓸 수 있는 것은 어머니가 고등학교까지 보내주었기 때문이다. 가출하겠다고 시위를 하긴 했지만 어머니가 하늘같은 은혜를 베풀었기 때문이다. 어머니의 은혜 잊지 않고 늘 감사드린다.

인우구망에 이르면 눈동자에 찰나의 깜박거림이 없다. 구산 스님의 눈도 깜박거림이 없었다. 범부는 6도 윤회할 때마다 아주 찰나에 눈을 깜박거린다. 눈을 보면 보리살타인지 아닌지 금방 알 수 있다.

인우구망의 경지에서는 무척 행복했지만 여기에 안주하지 않았다. 제법무아 제행무상이 무엇인지 잘 모르기 때문에 더 정진해야겠다고 생각했다. 또다시 열심히 정진해서 공에서 백척간두百尺竿頭 진일보進日步해서 반본환원했다. 백척간두 진일보는 하늘에서 땅으로 떨어지는 느낌이므로 그 느낌은 아주 강렬하다.

⑨ 반본환원返本還原

반본환원은 중생심으로 돌아온 경지다. 이 경지에서는 범부처럼 9가지 업식으로 6도 윤회한다. 그러므로 번뇌가 일어나 괴롭다. 인우구망에서는 몸도 발걸음도 가벼워 하늘을 날 것 같았지만 이 경지에서는 호흡도 짧아지고 몸도 무겁고 발걸음도 무겁다. 왜 이러지? 의문이 들었는데 어느 순간 중생심으로 돌아온 반본환원임을 깨달을 수 있었다.

인우구망에서의 행복감은 사라지고 범부처럼 백팔번뇌가 강하게 일어나 내 의지대로 마음을 쓸 수가 없었다. 특히 이기적인 남편에 대한 미움을 다스리기 어려웠다. 불성이 고삐 풀린 황소와 같아서 꼭 붙잡고 정진하기 무척 어려웠다. 범부처럼 불성이 안이비설신 수상행식, 즉 9가지 업식이 백팔번뇌를 일으키면서 6도 윤회하기 때문이다. 번뇌 때문에 괴로워하면서도 정진에 몰두했다. 어느 순간 마음이 평온해졌다.

⑩ 입전수수入廛垂手

입전수수의 경지에 이르면 번뇌가 일어나지 않고 마음이 평온하다. 입전수수의 경지에서 불성을 깨달았다. 입전수수는 견성見性의 경지다. 불성은 형상이 없다. 한 조각의 밝음, 일정명一精明이다.

고 구산 스님을 친견했다. "눈을 떠도 볼 수 있고 눈을 감아도 볼 수 있습니다." "그래 인가를 하마." 말씀은 하셨지만 너무 빨리 6, 7개월 만에 깨달았기 때문에 미심쩍은 듯했다.

견성하면 불성은 죽지 않고 생사윤회한다는 진리를 깨닫는다. 생사윤회를 깨달았을 때 생사해탈生死解脫이라 한다. 죽음에 대한 불안 공포가 사라졌다. 늙으면 병이 들고, 병들면 죽고, 죽으면 인연 따라 다시 태어나면 되는 것이다. 늙고 병들고 죽음에 대한 걱정 근심이 사라졌으니 이보다 더한 행복이 또 있을까! 온 세상의 부귀영화 아니 그보다도 더한 것을 준다 해도 바꿀 수 없는 최상최고의 행복이다.

견성하면 세상을 보는 안목이 달라진다. 사람을 보는 안목도 달라진다. 미안하지만 인간은 눈뜬 봉사처럼 보인다. 자기 내면에 불성이 있음을 모르고 어리석게 살기 때문이다.

인우구망에서 3법인을 깨닫고 입전수수에서 불성을 깨달아 견성하면 4대진리를 모두 깨달은 첫 번째 돈오頓悟다. 첫 번째 돈오는 6, 7개월 정도 걸렸다. 돈오하는 과정이 십우도다. 그러므로 반드시 십우도를 깨달아야 한다.

십우도의 10단계 모두를 깨달았을 때 선가禪家에서는 돈오頓悟라 하고 경전에서는 법등명이라 한다. 법등명은 출세간 4대진리를 깨달아 그릇된 관념인 4상이 사라지고 반야지혜라는 등불을 든 것이다. 법등명하면 중생심은 사라지고 아뇩다라삼약삼 보리심이 발휘된다. 보리심이 발휘되었을 때 자등명이라 한다. 법등명과 자등명은 불가분의 관계다.

돈오하지 못한 범부일 때는 중생심으로 살았지만 돈오해서 법의 등불을 들면 아뇩다라삼약삼 보리심으로 마음 자체가 달라진다. 아뇩다라삼약삼 보리심은 위력바라밀, 예지바라밀, 자비바라밀, 대행바라밀의 4바라밀이다. 4바라밀로 복덕을 쌓는 보살행을 한다. 보살행을 실천하는 방법은 4념처관법이다.

보조국사는 애매모호한 선문답을 하지 않았다. 체상용體相用 3법인을 설했으며, 중생이 본래 부동지불이라고 설했다. 불성의 근원은 공이고 중생이 본래 부처라는 뜻이다. 그러므로 보조국사는 4대진리를 깨달은 보리살타이다.

내 안목으로 보면 보조국사는 관세음보살의 화현이다. 관세음보살은 관觀이 자재하여 천수천안 혜안慧眼이 있으며 도가 높아서 미래에 성불할 미륵보살이다. 보조국사의 전생은 신라의 원효대사, 부처님 당시의 유마거사이고, 고 구산 스님의 전생은 신라의 의상대사, 부처님 당시의 마하가섭존자이며 보현보살의 화현으로 보인다.

무심도인이 감히 대보살을 폄하하는 것은 오만이다. 오만하면 높은 깨달음을 얻을 수 없다.

대세지보살, 문수보살, 관세음보살, 보현보살의 4대보살은 구름 위에 나타나거나 기도할 때 나타나는 신神이 아니다. 도솔천과 인간세상을 오고가며 열반락을 추구하는 수행자다. 신격화하지 말라! 4대진리를 깨달은 대보살은 네 분이지만 무심도인은 만월보살, 수월보살, 군다리보살, 십일면보살, 제대보살, 준제보살 등등 여러 보살이 있다.

10. 내가 깨달은 돈오점오

나는 돈오점오頓悟漸悟해서 불교의 진리를 명철하게 깨달았다. 어떠한 고난을 어떻게 참고 이겨내서 돈오점오할 수 있었는지 말해보고자 한다.

첫 번째 십우도를 깨달아 첫 번째 돈오했을 때는 입전수수의 경지에서 불성佛性을 확실하게 깨달을 수 있었다. 불성을 깨달으면 불성은 죽지 않고 생사윤회한다는 진리를 깨달아 죽음에 대한 불안과 공포가 사라지고 생사해탈했다.

그렇지만 중생심이 무엇인지, 3법인이 무엇인지, 돈오점수가 무엇인지 잘 몰랐다. 불법을 명철하게 깨닫기 위하여, 구산 스님은 돌아가셨기 때문에 다른 선지식을 찾아나설까 하다가 선문답이 싫어서 그만 뒀다. 선문답은 근거도 없고 황당해서 배울 것이 없다고 생각했기 때문이다.

어떻게 할까? 방황하고 있는데 못된 남편이 또 바람이 났다.

5.18 민주항쟁의 소용돌이 속에서 사업이 망해 끼니 걱정을 해야 하는 형편에 바람이 난 것이다. 어릴 적부터 어머니가 입만 열면 '아들! 아들!' 하고 아들만 사람 취급해서 남자는 완벽한 존재인 줄 알았는데, 남편은 금수보다 못한 짓만 했다. 그러고도 반성도 하지 않으니 오만함이다. 대 실망이었다. 이런 집에서는 도저히 정진할 수 없겠다 싶어 수덕사로 출가해서 정확하게 백일 동안 정진했다. 수덕사에서 내가 했던 내 방식대로 다시 정진하기 시작했다. 정진하다 보니 반복한다는 사실을 깨달을 수 있었다. 돌아오고 싶지 않았지만 자식들이 거지될까 봐 지옥 같은 집으로 돌아와야 했다. 참고 참으며 엄마 책임을 다하려고 노력했는데 자식들은 저절로 큰 줄 안다. 인간사가 다 그런 것 같다. 자식도 인연으로 만난 남남이다.

첫 번째 색수상행식을 역행할 때는 십우도와 같은 선경계가 나타났지만 두 번째 반복할 때는 선경계가 나타나지 않았다. 인간의 업식은 진화되어서 선경계가 확실하지만 태생의 업식은 진화가 덜 돼서 선경계가 없다.

두 번째 소몰이를 시작했다. 이 남자는 내가 정진을 하든 말든 관심도 없었고 방해도 하지 않았다. 다행이라면 다행이었다. 심우를 시작으로 색수상행식을 역행하기 위하여 법계에 집중했는데 안개 속에 갇힌 듯 머리가 맑지 않았다. 정진을 하지 않을 수가 없었다. 번뇌는 일어나지 않았다.

두 번째 색수상행식을 역행하는 과정에서 불성佛性이 눈에 있을 때 보고, 귀에 있을 때 듣고, 코에 있을 때 냄새 맡고, 혀에 있을 때 맛을 알고, 몸에 있을 때 촉감을 느낀다는 사실을 깨달을 수 있었다.

그렇지만 내면의식인 수상행식이 무엇이며 어디에서 어떻게 작용하는지는 알 수 없었고 6도윤회가 무엇인지도 모른다.

인우구망의 경지에서 공과 일체가 되고 공을 깨달았다. 공이 본래 나의 근원임을, 공이 부모 이전에 나의 근원임을 두 번째 깨달았다. 두 번째 열반적정이다.

인우구망의 경지에서는 몸과 마음이 우주만큼 커지고 마음은 행복감으로 가득하다. 걸어도 행복하고 누워도 행복하고 잠을 자도, 그 무엇을 해도 행복하다. 그렇지만 제법무아, 제행무상이 무엇을 뜻하는지 아직도 잘 모른다.

두 번째 인우구망에서 백척간두 진일보해서 반본환원했다. 첫 번째 백척간두는 하늘에서 땅으로 떨어지는 느낌이었지만 두 번째는 좀 더 낮은 곳에서 떨어지는 느낌이었다.

두 번째 반본환원에 이르면 마음의 상태가 다르다. 행복감은 사라지고 범부처럼 6도윤회하면서 번뇌가 일어났다. 그렇지만 열심히 정진해서 입전수수의 경지에 이르렀다. 부산에 있는 해운정사에서 7일 철야정진을 했었는데, 정수리가 예민해져서 좀 아픈 것 같기도 하고 가벼운 것도 머리에 올려놓을 수가 없었다. 정수리가 법계임을 깨달았다. 법계에 집중해서 화두를 참구했는데 입전수수의 경지에 이를 수 있었다.

두 번째 불성佛性을 깨달았다. 두 번째 생사해탈이다. 불성은 죽지 않고 생사 윤회한다는 진리를 깨달아 죽음에 대한 불안과 공포가 사라졌다.

두 번째 견성하고 나서야 돈오는 반복한다고 확신했다. 그렇지만 몇 번을 반복하는지는 알 수 없었다. 돈오점수의 뜻은 어렴풋이 알 수 있었다.

세 번째 소멸이 하는 과정, 즉 업식을 역행하는 과정에서 불성이 눈에 있을 때 볼 수 있고, 귀에 있을 때 들을 수 있고, 불성이 코에 있을 때 냄새를 맡을 수 있고, 혀에 있을 때 맛을 알고, 불성이 몸에 있을 때 촉감을 느낀다는 사실을 확실하게 깨달았다. 그렇지만 수상행식은 어디에서 어떻게 작용하는지 아직도 알 수 없었다.

세 번째 인우구망의 경지에서 공空과 일체가 되고 세 번째 공을 깨달았다. 나의 본래 근원이 공임을 세 번째 깨달았다. 세 번째 열반적정涅槃寂靜이다.

나의 근원이 공이라면 인간이 아닌 생명체, 화습난태생의 근원은 무엇일까? 의문이 일어났다. 제법무아諸法無我를 깨달을 수 있었다. 제법무아는 인간의 근원과 화습난태생의 근원은 하나라는 뜻이다. 일체중생이 본래불임을 깨달았다.

모든 생명체의 근원은 공空이다. 그러므로 인간의 생명이나 화습난태생의 생명이나 그 가치는 대등하다고 깨달았다. 제법무아를 깨닫고 나면 하찮은 미물이라도 도저히 살생을 할 수가 없다. 모든 생명체가 부처인데 부처를 살생할 수는 없는 일이다.

또 불생불멸하는 공의 기운은 어떠한 법칙에 의해서 현상적으로 나타나는가? 의문이 일어났다. 제행무상諸行無常을 깨달을 수 있었다. 모든 현상은 제법인과, 제법연기라는 연기법緣起法에 의해서 나타나고 사라진다. 그러므로 변하지 않는 것은 없다.

세 번째 인우구망의 경지에서 열반적정은 체體, 제법무아는 상相, 행무상은 용用 삼법인을 모두 깨달을 수 있었다.

인우구망에 안주하지 않고 세 번째 백척간두 진일보해서 입전수수의 경지에 이르러 세 번째 견성見性했다. 세 번째 생사해탈이다. 불성은 죽지 않고 생사 윤회한다는 진리를 깨달아 세 차례 죽음에 대한 불안과 공포가 사라졌다.

그렇지만 돈오점수가 무슨 뜻인지 아직도 잘 모른다. 돈오점수를 명철하게 깨닫기 위하여 네 번째 역행하기 시작했다. 네 번째도 역시 안이비설신(색) 수상행식으로 역행해서 공空과 일체가 됐다.

네 번째 역행은 정말 어려웠다. 첫 번째 역행은 6, 7개월 정도 걸렸지만 네 번째 역행은 20년도 더 걸렸을 것이다. 너무 어려워 다음 생으로 미루고 싶어서 나태해졌다. 정진이 힘들어서 게으름을 피우고 있는데 남편이 또다시 열불천불 터지는 사고를 쳤다. 사업 망해먹고 사기 당하고 바람피고… 사고쳐 놓고 수습도 하지 못했다. 죽일 수도 없고 헤어질 수도 없고, 나를 괴롭히기 위하여 태어난 원수 같았다. 죽고 싶도록 힘들고 괴로웠다. 괴로움이라는 채찍은 다시 나를 정진하게 만들었다.

네 번째 소몰이, 색수상행식을 역행하고 나서야 색수상행식이 무엇인지 깨달을 수 있었다. 색수상행식은 뇌의 의식구조다.

인간의 뇌는 9가지 업식으로 이루어져 있다. 9가지 업식으로 9가지 마음을 일으킨다. 본능(색)은 전두엽에서 작용한다. 소유욕(수)은 우뇌에서, 지배욕(상)은 좌뇌에서, 이성(행)은 후뇌에서, 양심(식)은 정수리에서 작용한다는 사실을 깨달을 수 있었다. 색수상행식을 깨달으면 타심통이 생긴다.

색수상행식을 작용하게 하는 것은 신통 미묘한 불성이다. 불성이 빛보다 빠르게 전두엽, 우뇌, 좌뇌, 후뇌, 정수리에서 9가지 마음을 일으킨다는 사실을 깨달아 인간의 심리를 깨달을 수 있었다. 인간의 심리는 색수상행식과 불성을 깨달아야 명철하게 알 수 있는 것이지 서양의 심리학처럼 불성이 무엇인지 모르는 산만한 지식으로는 알 수 없다.

습관은 업(카르마)이 된다. 업이 뇌를 만든다. 전5식을 많이 쓰면 전두엽의 뇌가 발달한다. 즉 본능적인 신구의를 많이 쓰면 전두엽의 뇌가 발달한다. 전두엽만 발달하면 축생처럼 어리석다.

6식을 많이 쓰면 우뇌가 발달한다. 즉 탐욕적인 신구의를 많이 쓰면 우뇌가 발달한다. 우뇌만 발달하면 아귀처럼 욕심이 많다.

7식을 많이 쓰면 좌뇌가 발달한다. 즉 지배적인 신구의를 많이 쓰면 좌뇌가 발달한다. 좌뇌만 발달하면 아수라처럼 지배욕이 강하다.

전두엽, 우뇌, 좌뇌 모두 발달하면 범죄자다. 범죄자는 감옥에 가는 과보를 받는다. 범죄자는 내생에도 범죄자로 살 가능성이 높다. 범죄자의 뇌가 그렇게 발달했기 때문이다.

8식을 많이 쓰면 후뇌가 발달한다. 즉 이성적인 신구의를 많이 쓰면 후뇌가 발달한다. 후뇌가 발달하면 인간적이다.

9식을 많이 쓰면 정수리의 뇌가 발달한다. 즉 양심적인 신구

의를 많이 쓰면 정수리의 뇌가 발달한다. 정수리가 발달하면 상
근기요 천사다.

네 번째 소몰이, 색수상행식을 역행하고 4번째 인우구망에
이르러 공空과 일체가 됐다. 나의 근원은 공임을 네 번째 깨달았
다. 4번째 열반적정이다. 이 경지에서는 공의 기운을 볼 수 있고
공의 소리를 들을 수 있다. 공의 기운을 볼 수 있으면 천안통天
眼通, 공의 소리를 들을 수 있으면 천이통天耳通이라 한다.

또 제법무아, 제행무상까지 체상용 3법인을 확실하게 깨달았
다. 그렇지만 공에 안주하지 않고 네 번째 반본환원 했다. 정진
해서 입전수수의 경지에서 네 번째 견성했다. 네 번째 생사해탈
이다.

견성하면 불성은 죽지 않고 생사윤회한다는 진리를 깨달아
네 차례 죽음에 대한 불안과 공포가 사라졌다. 생사윤회를 깨달
으면 서원誓願에 의해서 남자로도 태어날 수 있고 여자로도 태
어날 수 있는 신족통神足通이 생긴다.

네 번째 돈오하고 나서야 보조국사의 돈오점수漸修의 뜻을 알
수 있었고 돈오돈수는 틀렸음을 알 수 있었다. 4대진리는 절대
로 단박에 깨달을 수 없다. 반드시 수십 생을 정진해서 52단계
를 밟아야 한다. 그러므로 돈오돈수는 틀렸다. 점수는 돈오를
반복하는 것이지 결코 보살행이 아니다. 보조국사는 보리살타

이고 성철스님은 무심도인이다. 무심도인이 감히 보리살타를 폄하하다니! 오만이다.

점수를 보살행이라고 오해하는 이유는 충분히 있다. 점수해야 하는 이유로 '얼음이 물인 줄 알지만 녹아야 물임을 알기 때문이다'라고 추상적으로 설했기 때문이다. 또 보살52위를 설하지 않았기 때문이고 무명無明이 무엇인지 설하지 않았기 때문이다.

내 안목으로 보면 보조국사는 4번 째 돈오한 대승이다. 다시 태어나 5번째 돈오해야 부터님으로 성불할 수 있을 것이다.

다섯 번째 역행은 더더욱 어려웠다. 첫 번째 역행은 불성의 기운이 황소처럼 세므로 강력하게 집중하면 소몰이가 쉬웠지만 반복할수록 불성의 기운이 안개 같고 바람 같이 가벼워서 꼭 붙잡고 소몰이하기가 어려웠다.

괴로움이라는 채찍이 없었다면 정진할 수 없었을 것이다. 괴로움만 제공하는 이 남자 때문에 정진할 수 있었는지 모른다. 그러고 보면 이 남자는 원수가 아닌 좋은 인연인지 모른다. 그래도 다시는 만나고 싶지 않은 열불천불 터지게 어리석은 인간이었다.

다섯 번째 돈오하는 과정도 안식 이식 비식 설식 신식 수식 상식 행식 식식 순으로 역행하여 9가지 업식을 소멸하고 나서 공과 일체가 됐다. 안식을 역행하면 안식을 깨친 것이고, 이식을 역행하면 이식을 깨친 것이고, 다른 업식도 그렇다. 하나의 업식을 역행해서 하나의 업식을 소멸했을 때 깨쳤다고 하는 것이다. 깨친 것과 깨달음은 완전히 다르다.

다섯 번째 공空에 이르고 다섯 차례 3법인을 깨달았다. 진일보하여 다섯 번째 반본환원 했다.

반본환원은 다섯 번째 중생심으로 돌아온 경지이므로 범부처럼 108번뇌가 일어났다. 내 나이 63세였다. 다섯 번째 반본환원의 경지에 이르렀을 때는 내가 처한 현실이 죽고 싶을 만큼 괴로웠다. 황소같이 힘센 번뇌가 폭풍처럼 일어나 통제하기 무척 어려웠다. 번뇌인 줄 알면서도 다스리기 정말 어려웠다. 반본환원의 경지는 7년이나 계속되었다.

남편은 사고치고 도망가는 게 주특기였다. 빚을 나에게 떠넘기고 가출해 버렸다. 가출했기 때문에 싸울 상대도 없었다. 혼자서 열불천불 터지는 화를 참고 삭이다 보니 입안이 벌겋게 부어올랐다. 남편에 대한 배신감, 빚을 갚아야 하는 고통 …… 늙은 내가 혼자서 감내해야 하는 절망은 우주공간에 내동댕이쳐진 외로움이었다.

형제도 친구도 이웃도 따뜻한 위로 한마디 없었다. 아수라처럼 냉정했다. 배려심이나 공감력은 찾아볼 수 없었다. 나 무척 괴롭다고, 죽고 싶을 정도로 괴롭다고 친구에게 하소연했더니 한다는 말이 "자네는 남편을 무척 사랑하네"였고, 또 다른 지인은 "내 남편은 나만 사랑하는데" 하였다. 불난 집에 부채질도 유분수지. 나 참, 기가 막혀서! 자식에게 하소연해 보았지만, 다자기 살기 바쁜 탓에 반응이 시원찮았다.

온갖 고통을 참고 살다가 결국은 70세에 큰 병에 걸리고 말았다. 17시간 수술을 받고 물도 못 먹고 입원해 있는 나에게 가깝게 지내던 이웃이 문자를 보내왔다. 위로 한마디 없이 "아프다고 하지 말아요. 남들이 싫어해요." 나 참, 어이가 없어서! 중생심은 정말 추하다. 인간들이 싫어졌다.

인간은 따뜻한 말 한마디 할 줄 모르는 이기적인 존재였다. 인간은 기댈 만한 존재가 아니었다. '남을 의지하지 말고 자기 자신을 의지해서 무소의 뿔처럼 혼자서 가라'는 석가모니의 말씀이 정답이었다.

내가 처한 현실이 무척 괴롭다보니 무엇이 문제인지 나 자신을 돌아보게 됐다. 결혼하기 전에는 철이 없었다. 근심걱정도 없었고 행복하기만 했다. 어머니의 하늘같은 은혜로 가방 들고 학교만 다녔다. 착하고 순진해서 세상물정 몰랐고 남자를 몰랐다. 모든 사람이 부처님인 줄 알았다. 순진하고 착한 것은 좋은 것이 아니었다. 무지하고 순진한 내 탓이었다.

인생을 살아보고 나서야 순진하고 착하면 호구된다는 사실을 뼈저리게 깨달았다. 순진하고 착하다는 것은 인간을 모른다는 뜻이다. 인간을 모르면 인간을 믿고 의지하게 된다. 모른다는 것, 무지하다는 것은 죄의 근원이요 불행의 근원이다. 무지하면 불행이 찾아오고 무지하기 때문에 죄를 짓는 것이다.

다 늙어서 빚을 갚아야 하는 현실이 너무 힘들고 괴로웠다. 괴로워하면서도 정진을 포기하지 않았다. 내가 의지할 수 있는 것은 남편도 자식도 형제도 친구도 그 누구도 아닌 정진뿐이었다. 번뇌 때문에 집중하기가 어려웠지만 정진에 집중할 수밖에 없었다.

드디어 7년 만에 반본환원의 경지를 벗어나 입전수수의 경지에 이르렀다. 입전수수의 경지에 이르자 폭풍처럼 마음을 뒤흔들던 번뇌가 거짓말처럼 사라졌다. 마음이 평화롭고 행복했다.

입전수수의 경지에서 또 4년 동안 정진해서 5번째 견성했다. 5번째 생사해탈이다. 늙으면 병이 들고 병들면 죽고 죽으면 인연 따라 다시 태어나는 것이 자연의 순리다. 순리에 순응하면 되는 것이지 죽음에 대한 불안과 공포를 안고 살 이유가 없다. 늙고 병들고 죽음에 대한 걱정 근심이 없으니 마음이 평화롭고 행복하다.

5번째 출세간 4대진리, 열반적정 제법무아 제행무상 불성을 깨달았다. 5번째 돈오다. 내 나이 74세였다. 글을 쓰는 지금은 80세가 내일 모레다. 지금은 번뇌가 일어나지 않고 마음이 평온하다. 무척 행복하다. 그동안 겪었던 괴로움은 눈 녹듯이 사라지고 최상최고로 행복하다. 소원이 있다면 이 인간을 다시 만나지 않는 것이다.

나는 수십 생 동안 온갖 고통을 참고 참으며 열심히 정진해서 열반락을 얻었다. 열반락을 얻는 일은 이생에서 단박에 성취할 수 있는 일이 아니다. 내가 여자의 몸으로 태어난 것은 '중생이 앓으니 보살도 앓는다'는 유마거사의 자비를 실천하기 위함이다.

여자라는 이유 하나로 무시할지도 모른다. 한국불교는 2,500년 전통에 죽고 사는 보수적인 집단이기 때문이다. 여자는 깨달음을 얻을 수 없다고 무시하는 보수적안 집단이기 때문이다.

그렇다면 묻고 싶다. 이 여자처럼 불법을 명철하게 설명한 남자가 있었던가? 역대 선승 중에 어느 누가 이런 글을 남긴 적이 있었던가? 황당한 선문답이나 오도송이 전부가 아니었던가?

인간은 아상我相이 있기 때문에 모르면서도 모른다고 말하지 않는다. 이치에 맞지 않는 말인데도 자기 생각이 옳다고 고집한다. 남에게 지기 싫은 자존심 때문이다. 아상이 강하면 자존심도 세다. 자존감이 있는 사람은 겸손하지만 자존심이 센 사람은 오만하다.

　자존심 때문에 인간은 새로운 주장을 받아들이지 않을 뿐만 아니라 사람까지 배척한다. 지동설을 주장했던 갈릴레오는 종교재판을 받아서 사형당할 뻔했고 만류인력을 주장한 뉴턴은 사기꾼 취급을 당해야 했다. 그 후에도 새로운 주장을 했던 선각자들이 핍박을 받아 참담한 괴로움을 당해야 했었다. 어쩌면 나도 '여자가 감히 깨달음을 논해!'라며 배척당할지도 모른다. 그런다 해도 나의 돈오점오가 성불할 수 있는 길이라고 확신한다. 믿지 못하겠다면 어쩔 수 없는 일이다.

　아니면 6신통이 없다고 나의 깨달음을 무시할지도 모른다. 6신통은 마음에 있는 것이지 몸으로 신통을 부린다는 뜻이 아니다. 만일 몸으로 6신통을 부린다면 그건 귀신이지 사람이 아니다. 선수행은 귀신이 되기 위하여 피나는 노력을 하는 것이 아니다. 열반락을 얻기 위해서 3천 년 동안 피나는 노력을 하는 것이다.

　6신통은 대승의 사고방식이다. 범부는 중생심으로 생각하고 말하고 행동한다. 깨달은 대승은 6신통으로 생각하고 말하고 행동한다. 범부의 신구의와 대승의 신구의는 하늘과 땅 차이가 난다.

　안식만 소멸해도 숙명통이 생기고, 색수상행식을 모두 소멸해서 해탈하면 누진통이고, 중생심을 깨달으면 타심통이 생기고, 3법인을 깨달으면 천안통과 천이통이 생기고, 불성을 깨달으면 신족통이 생긴다. 6신통은 범부에게는 없는 부처님 마음이므로 신통이라 하는 것이다.

석가모니는 6신통이 자재하고 예수는 전지전능한 하나님의 아들이며 신통력이 있다고 신격화하는 것은 후세의 제자들이 자신들의 종교세력을 키우기 위한 욕심이다. 석가모니도 예수도 신이 아닌 인간이다.

이치적으로 따져보자. 석가모니가 6신통력이 있었다면 밥도 먹지 않았을 것이고 잠도 자지 않았을 것이고 죽지도 않았을 것이다. 예수도 마찬가지다. 참담하게 죽임을 당하지 않았을 것이다. 신격화에 현혹되면 어리석은 사람이다. 근거도 없고 이치에도 맞지 않는 말에 현혹되지 않는 냉정한 판단력이 있어야 한다. 맹신은 어리석은 자가 하는 것이다.

11. 내가 깨달은 금강경

금강경은 중생상, 수자상, 아상, 인상의 4상을 소멸한 단계를 설하고 있는 경전이다. 4상을 소멸한 대승은 수다원, 사다함, 아나함, 아라한, 부처님의 다섯 과가 있다고 설하고 있다.

그렇지만 금강경에는 4상이 무엇인지 4상에 대한 설명이 없다. 그러므로 금강경을 읽고는 4상이 무엇인지 알지 못한다. 금강경을 천 번 읽었다고 자랑하는 남자를 만난 적이 있다. 또 금강경을 사경寫經 하는 사람도 만났다. 천독이든 사경이든 금강경의 뜻을 이해하지 못하면 아무 소용없다. 금강경을 이해하려면 4상이 무엇인지 알아야 한다.

중생상, 인상, 아상, 수자상 4상四相은 4가지 그릇된 고정관념이다. 4상은 4대진리를 깨달아 돈오해야 사라진다. 중생상衆生相은 열반적정을 깨달아야 사라지고, 인상人相은 제법무아諸法無我를 깨달아야 사라지고, 아상我相은 제행무상을 깨달아야 사라지고, 수자상壽者相은 불성을 깨달아야 사라진다.

4상은 어둠이고 4대진리는 빛이다. 빛이 들어오면 어둠은 사라진다. 4상과 4대진리는 불가분의 관계다. 4대진리를 깨닫고 4상이라는 그릇된 관념이 사라졌을 때 반야지혜를 얻는다. 반야지혜를 얻었을 때 법등명法燈明이라 한다.

무심도인은 업식은 소멸했지만 4대진리를 깨닫지 못했으므로 4상이 있다. 4상이 있으므로 반야지혜가 없다. 반야지혜가 없으면 법등명하지 못한다. 그러므로 소승이요 대심범부다.

수다원은 처음으로 4대진리를 깨닫고 처음으로 4상四相을 소멸하고 처음으로 반야지혜를 얻고 처음으로 보리심을 발휘한 대승이다. 인간보다 한 단계 승화한 대승大乘이다.

사다함은 두 차례 4대진리를 깨닫고 두 차례 4상四相을 소멸하고 두 차례 반야지혜를 얻고 두 차례 보리심을 발휘한 대승이다. 인간보다 2단계 승화한 대승이다.

아나함은 세 차례 4대진리를 깨닫고 세 차례 4상四相을 소멸하고 세 차례 반야지혜를 얻어 세 차례 보리심을 발휘한 대승大乘이다. 인간보다 3단계 승화한 대승이다.

아라한은 네 차례 4대진리를 깨닫고 네 차례 4상을 소멸하고 네 차례 반야지혜를 얻어 네 차례 보리심을 발휘한 대승이다. 인간보다 4단계 승화한 대승이다.

부처님은 다섯 차례 4대진리를 깨닫고 다섯 차례 4상을 소멸하고 5차례 반야지혜를 얻어 5차례 보리심을 발휘한 대승이다. 인간보다 5단계 승화해야 부처님으로 성불한다.

　　수다원이 부처님으로 성불하려면 5차례 4대진리를 깨닫고 5차례 4상을 소멸해서 5차례 반야지혜를 얻어 5차례 보리심을 발휘해야 한다. 그러므로 돈오점오頓悟漸悟해야 성불한다.

12. 내가 깨달은 4가지 어리석음 4상

인간은 누구나 4가지 어리석음 4상(相)이 있다. 소크라테스 공자 예수 3대 성현도 4상(相)이 있다. 중생상衆生相, 인상人相, 아상我相, 수자상壽者相 4가지 어리석음을 4상이라 한다. 4상 때문에 전도몽상顚倒夢想의 삶을 사는 것이고, 전도몽상으로 살기 때문에 인간세상은 불타는 집이 된다.

4상이라는 그릇된 관념이 있는 것은 출세간 4대진리를 깨닫지 못했기 때문이다. 4대진리는 빛이고 4상은 어둠이다. 4대진리와 4상은 불가분의 관계다. 빛이 들어와야 어둠이 사라진다.

열반적정을 깨닫지 못하면 중생상衆生相이 있고, 제법무아를 깨닫지 못하면 인상人相이 있고, 제행무상을 깨닫지 못하면 아상我相이 있고, 불성을 깨닫지 못하면 수자상壽者相이 있다.

4대진리를 깨달으면 4상이 사라진다. 4상이 사라지면 반야지혜를 얻는다. 반야지혜를 얻었을 때 법등명法燈明이라 한다.

1) 열반적정을 깨닫지 못하면 중생상이라는 어리석음이 있다.

중생상衆生相은 부모가 낳은 중생이라는 열등의식이다. 또는 하나님이 만든 피조물이라는 열등의식이다.

①자신의 근원이 공空임을 모르는 어리석음이다.

②자신이 창조주인 줄 모르는 어리석음이다.

③자신이 우주적 존재임을 모르는 어리석음이다.

④하나님 또는 알라신과 같은 절대신神이 있다고 생각하는 어리석음이다.

⑤하나님이나 알라신이 인간의 길흉화복을 주관한다고 생각하는 어리석음이다.

중생상衆生相 때문에 자신의 신구의를 다스려 복덕을 쌓을 생각은 하지 않는다. 중생상 때문에 사이비 종교에 세뇌되어서 어리석게 산다. 기독교 신자인 지인이 나에게 하는 말. "부처님은 인간이고 하나님은 신이다. 신이 더 세다. 그러므로 신을 믿어야 한다."

또 다른 기독교인이 하는 말, "나는 하나님이 부족하게 만들었고 당신은 똑똑하게 만들었다. 다 하나님의 뜻이다. 부족하면 어떻고 똑똑하면 어떠냐. 하나님의 뜻대로 살다가 천국에 태어나 영생하면 되는 것이다. 그러니 교회 가서 하나님 믿고 영생합시다."

믿기만 하면 천국에 태어나서 영생한다고? 내가 똑똑한 것이 하나님의 뜻이라고? 인과因果를 모르는 어리석음에다 영생하려는 환상뿐이니 아편 맞은 사람과 같다. 하나님이 그렇게 좋으면 자기나 믿으면 될 일, 남에게 강요하지 말라!

또 가까운 친구는 교회에 거금을 헌금으로 낸다. 아들이 번 돈인데 아낌없이 낸다. 헌금은 천국 가는 기차표다. 천국 갈려면 헌금을 내야 한단다. 그렇지만 친구에게는 밥 한 번 사지 않고 인색하다. 참으로 어리석은 사람이다.

2) 제법무아를 깨닫지 못하면 인상이라는 어리석음이 있다.

인상人相은 일체중생, 즉 화습난태생의 모든 생명체의 근원을 모르는 어리석음이다.

①인간은 화습난태생에서 진화한 존재임을 모르는 어리석음이다.

②화습난태생도 우주적 존재임을 모르는 어리석음이다.

③화습난태생의 생명을 존중할 줄 모르는 어리석음이다.

인상人相이라는 어리석음 때문에 생명체를 학대하고 살생해서 악업을 짓는다. 악업을 지으면 인연 도래시에 반드시 악과를 받아야 한다.

3) 제법인과 제법연기 제행무상 3대 연기법을 깨닫지 못하면 아상이라는 어리석음이 있다.

아상我相은 '나'라는 존재는 영원한 존재인 줄 아는 어리석음이다.

①남자와 여자는 입장이 바뀌어 태어날 수 있음을 모르는 어리석음이다.

②가난한 사람도 시대가 바뀌면 부자가 될 수 있음을 모르는 어리석음이다.

③부자도 시대가 변하면 가난할 수 있음을 모르는 어리석음이다.

아상我相이라는 어리석음 때문에 현재 나의 입장, 나의 이익, 나의 생각만 고집하면서 이기적으로 산다. 남자는 영원히 남자일 줄 알고 여자를 비하한다. 부자는 영원히 부자일 줄 알고 가난한 자를 멸시한다. 권력자는 권력이 영원할 줄 알고 민초를 억압한다. 아상 때문에 짓는 악업은 수 없이 많다.

4) 불성을 깨닫지 못하면 수자상이라는 어리석음이 있다.

수자상壽者相은 자신의 육체 안에 불성이 존재한다는 사실을 모르는 어리석음이다. 불성을 깨닫지 못한 범부는 눈 뜬 봉사와 다르지 않다.

① 육체를 움직이는 것은 불성임을 모르는 어리석음이다.

② 불성이 주인인데 육체가 주인인 줄 아는 어리석음이다.

③ 불성은 불생불멸 하면서 생사윤회 한다는 진리를 모르는 어리석음이다.

④ 육체가 죽으면 끝이라고 생각하는 단견이다.

⑤ 불성의 근원은 공空임을 모르는 어리석음이다.

수자상壽者相이라는 어리석음 때문에 인간은 육체만 있는 존재인 줄 안다. 육체를 잘 먹이고 잘 재우고 자손을 잘 퍼트릴 생각만 하면서 동물적인 삶을 산다. 불성은 죽지 않는 법인데 자살을 하거나 살인을 해서 악업을 짓는다. 죽음에 대한 불안 공포를 안고 산다. 죽음을 절망으로 받아들여 땅이 꺼질 듯 슬퍼한다.

또 그릇된 유교적 관습에 집착한다. 명당을 찾아 무덤을 만들고 3년 상에다 시묘살이까지, 수년간 제사를 지내면서 죽은 부모를 위해 쓸데없는 효도를 한다. 불성佛性은 한 조각의 밝은 빛이기 때문에 무덤에 가두어 둘 수 없고 지옥에도 가두어 둘 수 없고 제삿밥 먹으러 오지도 않는다.

효도는 부모가 살아계실 때 해야 한다. 불교경전에는 부모의 은혜를 알아서 부모가 살아계실 때 효도하라는 부모은중경이 있다.

첫째, 아이를 임신해서 지켜주신 은혜,

둘째, 출산의 고통을 참으신 은혜,

셋째, 자식을 낳고 기뻐하신 은혜,

넷째, 쓴 것은 삼키고 단 것은 뱉아 먹여주신 은혜,

다섯째, 진자리 마른자리 갈아 누이신 은혜,

여섯째, 젖먹이고 사랑으로 길러주신 은혜,

일곱째, 목욕 세탁 더러움을 씻어주신 은혜,

여덟째, 자식이 멀리 떠나면 근심걱정 하신 은혜,

아홉째, 자식을 위해서는 궂은일도 마다하지 않는 은혜,

열 번째, 임종할 때까지도 자식 걱정하시는 은혜다.

열한 번째, 비바람을 막아주고 위험으로부터 보호해주고 성공하라고 응원해주신 은혜다.

열두 번째, 못 먹고 못 입고, 가고 싶은 곳도 못 가면서 대학까지 가르쳐준 은혜다.

부모의 은혜는 하늘보다 높다. 부모의 은혜가 없었다면 지금의 내가 존재할 수 있을까? 부모의 은혜를 모르는 것은 배은망덕背恩忘德이다. 부모의 은혜를 모르는 사람은 불효한다.

첫째, 부모에게 불경스럽다. 눈을 흘기면서 큰소리로 대꾸하고 부모를 업신여긴다.

둘째, 부모 탓이라고 부모를 원망한다. 부모의 가르침을 따르

지 않고 꾸지람을 하면 화를 낸다.

셋째, 화합하려고 노력하지 않는다. 형제지간에 욕하고 헐뜯으며 싸운다.

넷째, 부모의 은혜는 잊어버리고 잘되면 모두가 자기가 잘난 탓이라 생각한다.

다섯째, 정서적 지원도 하지 않는다. 늙은 부모가 어떻게 살고 계신지 보름이 가고 한 달이 가고 일 년이 가도 부모에게 안부전화 한 번 하지 않고 문안 한 번 가지 않는다. 부모에 대한 관심이 없다.

여섯째, 경제적 지원도 하지 않는다. 늙은 부모가 어떻게 살고 계신지 관심이 없다.

제법연기諸法緣起이므로 인연은 이어지는 것이다. 이생에서 부모에게 효도했으면 내생에도 좋은 인연으로 만나고, 불효했으면 나쁜 인연으로 만난다. 부모와 자식의 인연은 은혜든 원수든 쌓이고 쌓인 원인이 있었기에 만나는 것이다. 삼성가의 자식으로 태어나고 싶어도 여러 생에 쌓인 인과관계가 없으면 태어날 수 없는 법이다. 그러므로 지금 만난 내 부모에게 효도해서 좋은 인연을 만들어가야 내생에도 좋은 인연으로 만난다.

한국교육의 목표는 출세와 성공이다. 부모는 희생해도 좋으니 너만 성공하면 된다고 한다. 아들은 왕자가 되라고 하고 딸

은 공주가 되라고 한다. 효도에 대한 교육은 잊어버린 지 오래
다. 이상한 세상에 살고 있다. 늙은 부모도 사람이다. 늙은 부모
도 행복할 권리가 있다.

13. 내가 깨달은 화엄경

화엄경을 보고 문자를 해석하면 해오解悟다. 4대진리를 깨달아야 화엄경을 바르게 이해한다. 화엄경뿐만 아니라 모든 경전은 석가모니가 직접 쓴 것이 아니다. 모든 경전은 여시아문, 즉 그때 나는 들었노라로 시작한다. 아난존자의 기억에 의존해서 전해 내려오는 것이다. 그 결과 경전은 석가모니의 말씀을 소상하게 설명하려다 보니 글이 너무 산만하다. 요점정리가 되어 있지 않다. 쓸데없는 말이 너무 많아 이해하기 어렵다. 이러한 경전을 보고 선불교禪佛敎를 알았다고 하면 오해다. 경전은 출세간 4대진리를 깨달아야 구름 잡을 듯 황당한 표현들을 무시하고 핵심만을 이해한다.

화엄경의 무명無明에 대해서 핵심적으로 설하고 있는 경전이다. 화엄경은 인간은 화습난태생에서 5아승지겁 동안 진화한 존재라고 설하고 있는 경전이다.

인간은 누구인가?

인간은 어느 날 갑자기 하나님이 흙으로 만든 존재가 아니다. 어머니 뱃속에서 열 달 동안에 만들어진 존재도 아니다. 인간은 화생에서 습생으로 난생으로 태생으로 진화해서 만물의 영장인 인간으로 진화한 존재다. 인간을 창조한 신은 존재하지 않는다. 인간이 창조주다.

지구에는 인간이라는 생명체만 존재하는 것이 아니라 화생의 생명체, 습생의 생명체, 난생의 생명체, 태생의 생명체도 존재한다. 모든 생명체, 화습난태생의 육체 안에도 신통 미묘한 불성이 존재한다. 불성은 죽지 않고 생사윤회한다. 그러므로 화생이 5아승지겁 동안 진화를 거듭해서 인간으로 진화한다.

인간은 태초에 화생으로 일 아승지겁을 살았다. 습생으로 진화해서 일 아승지겁을 살았다. 난생으로 일 아승지겁을 살았다. 태생으로 진화해서 일 아승지겁을 살았다. 인간으로 진화해서 일 아승지겁을 살고 있다. 그러므로 인간의 나이는 5아승지겁 세다. 믿지 못하겠다면 인상人相이라는 그릇된 고정관념이 있기 때문이다.

모든 생명체는 환경에 적응해야 살아남는다. 살아남기 위하여 몸과 마음을 환경에 적응하면서 변화해 가는 것이 진화다. 살아남기 위하여 환경에 적응하다 보면 화생에서 습생으로 난생으로 태생으로 인간으로 진화한다. 제법인과, 제법연기, 제행무상의 3대연기법에 의해서 진화한다. 3대연기법은 진화의 법칙이다.

색수상행식은 인간의 뇌의식 구조다. 색수상행식은 9가지 업식業識이다. 인간의 뇌는 화생의 업식 10단계, 습생의 업식 10단계, 난생의 업식 10단계, 태생의 업식 10단계, 인간의 업식 10단계가 내재되어 있다. 그러므로 인간의 지은 업식은 모두 50단계다. 50단계의 업식(색수상행식)을 무명無明이라 한다.

인간의 뇌는 어떠한 신이 만들어준 것이 아니다. 또 어머니가 열 달 동안 뱃속에서 만들어낸 것도 아니다. 5아승지겁 동안 화생, 습생, 난생, 태생에서 진화를 거듭해서 인간의 뇌가 창조된 것이다. 인간의 뇌 속에는 화생의 뇌, 습생의 뇌, 난생의 뇌, 태생의 뇌가 내재되어있다.

인간은 태초에 화생의 삶을 살았다. 화생은 다른 생명체, 동식물에 기생해서 살아가는 바이러스 세균과 같은, 눈으로 볼 수 없는 아주 작은 생명체다. 살아 있는 모든 생명체에는 미세한 기생충이 살고 있다.

화생의 생명체에도 불성이 있다. 불성은 생사윤회를 거듭하면서 일 아승지겁을 살았다. 화생의 업식 10단계가 최초로 형성되었다. 일 아승지겁을 사는 동안 경험하고 학습한 것들이 불성에 업業으로 저장된다. 제법연기諸法緣起이므로 10단계의 업식은 다음 생에 태어날 유전자가 된다. 화생은 일 아승지겁 동안 진화한 10단계의 유전자를 가지고 습생으로 진화했다.

습생은 화생보다 몸집이 조금 커진 생명체다. 습생의 내면에도 불성이 존재한다. 불성은 생사윤회를 거듭하면서 일 아승지겁을 살았다. 습생의 업식 10단계가 형성되었다. 그러므로 습생의 업식은 20단계다.

습생으로 일 아승지겁을 사는 동안 경험하고 학습한 것들이 불성에 업으로 저장된다. 제법연기諸法緣起이므로 20단계의 업식은 다음 생에 태어날 유전자가 된다. 습생은 일 아승지겁 동안 진화한 20단계의 유전자를 가지고 난생으로 진화했다.

난생은 알로 태어나는 생명체다. 난생의 내면에도 불성이 존재한다. 불성은 생사윤회를 거듭하면서 일 아승지겁을 살았다. 난생의 업식 10단계가 더해졌다. 그러므로 난생의 업식은 30단계다.

난생으로 일 아승지겁을 사는 동안 경험하고 학습한 것들이 불성에 업業으로 저장된다. 제법연기諸法緣起이므로 저장된 업식은 다음 생에 태어날 유전자가 된다. 난생은 일 아승지겁 동안 진화한 30단계의 유전자를 가지고 태생으로 진화한다.

태생은 모태에 의해서 태어나는 생명체다. 태생의 내면에도 불성이 존재한다. 불성은 생사윤회를 거듭하면서 일 아승지겁을 살았다. 태생의 업식 10단계가 더해졌다. 그러므로 태생의 업식은 40단계다.

태생으로 일 아승지겁을 사는 동안 경험하고 학습한 것들이 불성에 업으로 저장된다. 제법연기諸法緣起이므로 불성에 저장된 업식은 다음 생에 태어날 유전자가 된다. 태생은 일 아승지겁 동안 진화한 40단계의 업식을 가지고 인간으로 진화한다.

석가모니가 태생일 때는 사슴이었고 나는 얼룩말이었다. 돈오점오를 반복하면서 심우尋牛의 단계에서 전생 전전생 전전생이며 태생의 모습까지 깨달을 수 있었다.

인간의 내면에 존재하는 불성은 생사윤회를 거듭하면서 일 아승지겁을 살았다. 사는 동안 인간의 업식 10단계가 더해졌다. 그러므로 인간의 업식은 50단계다. 인간의 뇌 속에는 화생의 뇌, 습생의 뇌, 난생의 뇌, 태생의 뇌가 내재되어 있다.

인간의 뇌는 화생의 뇌, 습생의 뇌, 난생의 뇌, 태생의 뇌가 내재되어 있음을 모르는 어리석음을 인상人相이라 한다.

신본주의 종교는 인간의 50단계 업식인 무명無明이 무엇인지 모른다. 모르기 때문에 하나님이 흙으로 인간을 창조했다고 주장하는 것이다. 그렇다면 화습난태생의 생명체는 누가 만들었는가? 근거도 없고 이치에도 맞지 않는 창조설을 믿으면 어리석은 사람이다.

인간은 5아승지겁 동안 진화를 거듭해서 유인원이 되었다. 유인원이 진화를 거듭해서 원시인이 되었다. 원시인이 진화를 거듭해서 하근기의 인간이 되었다. 하근기가 진화를 거듭해서 중근기가 되었다. 중근기가 진화해서 상근기가 되었다.

인간세상은 하근기와 중근기와 상근기가 살아가는 세상이다. 근기가 다른 사람들이 온갖 갈등을 일으키며 괴로움을 안고 살아가는 인간세상을 삼계화택三界火宅이라 한다.

상근기로 진화한 사람들이 가야 할 길은 승화하는 길이다. 승화하려면 인간의 업식 10단계를 소멸하고, 태생의 업식 10단계를 소멸하고, 난생의 업식 10단계를 소멸하고, 습생의 업식 10단계를 소멸하고, 화생의 업식 10단계, 모두 50단계를 모두 소멸해서 원인무효가 돼야 한다. 원인무효가 되어야 생사윤회의 철칙으로부터 벗어나 부처님으로 승화한다.

50단계의 업식을 소멸하여 원인무효가 되려면 3천 년 동안 생사윤회를 거듭하면서 돈오점오頓悟漸悟해야 한다. 돈오점오는 보조국사의 돈오점수와 같은 뜻이다. 보리살타는 근거 없는 주장은 하지 않는다. 직접 깨닫지 않은 것은 말하지 않는다.

14. 내가 깨달은 보살 52위

화엄경의 보살 52위는 50단계의 무명을 소멸한 단계를 설하고 있는 경전이다. 부처님으로 승화하려면 화습난태생의 삶을 살면서 지은 50단계의 무명無明을 소멸해서 원인무효가 되어야 한다고 설하고 있는 경전이다.

① 보살 10위 10신信

인간보다 한 단계 승화한 수다원의 경지다. 인간의 업식 10단계를 소멸하고 처음으로 출세간 4대진리를 깨달은 경지다. 아직 40단계의 업식이 남아 있다.

② 보살 20위 10주住

인간보다 두 단계 승화한 사다함의 경지다. 태생의 업식 10단계를 소멸하고 두 차례 출세간 4대진리를 깨달은 경지다. 아직 30

단계의 업식이 남아 있다.

③ 보살 30위 10행行

인간보다 세 단계 승화한 아나함의 경지다. 난생의 업식 10단계
를 소멸하고 세 차례 출세간 4대진리를 깨달은 경지다. 아직 20
단계의 업식이 남아 있다.

④ 보살 40위 10회향廻向

인간보다 4단계 승화한 아라한의 경지다. 습생의 업식 10단계
를 소멸하고 네 차례 출세간 4대진리를 깨달은 경지다. 아직 10
단계의 업식이 남아 있다.

⑤ 보살 50위 묘각妙覺

50단계의 무명을 모두 소멸한 원인무효의 경지다. 화생의 업
식 10단계를 소멸한 경지다. 5차례 출세간 3법인을 깨달은 경
지다.

⑥ 보살 51위 등각等覺

5차례 중생심으로 돌아온 반본환원의 경지다.

⑦ 보살 52위 성불成佛

5차례 입전수수에 이른 경지다. 불성을 5차례 깨달은 견성見性의 경지다. 보살 52위를 깨달아야 성불이다. 그러므로 돈오점오頓悟漸悟가 성불할 수 있는 바른 길이다.

15. 내가 깨달은 출세간 4대진리

불도의 구경목표는 영혼의 행복 열반락을 얻는 것이다. 열반락을 얻으려면 복덕을 원만구족하게 쌓아서 이상적인 인간으로 승화해야 한다. 이상적인 인간으로 승화하지 않으면 열반락을 얻을 수 없다.

이상적인 인간으로 승화하려면 출세간 4대진리를 깨달아야 한다. 출세간 4대진리를 깨달으려면 반드시 9가지 업식(색수상행식)을 모두 소멸해야 한다.

대자연 우주만물 세상만사는 출세간법과 세간법에 의해 돌아간다. 세간법은 인간세상의 관습, 풍습, 법률 등등이고, 출세간법은 열반적정, 제법무아, 제행무상, 불성의 4대 진리다. 열반적정은 체體, 제법무아는 상相, 제행무상은 용用이다. 체상용을 3법인三法印이라 한다. 3법인을 깨닫고 나서 백척간두 진일보하면 불성을 깨닫는다.

세간법은 남에게 배우면 알 수 있지만 출세간법은 스스로 깨닫지 않으면 알지 못한다. 세간법에 지식이 많은 사람은 지식인, 법률가, 변호사일 것이고, 출세간법을 깨달은 사람은 보리살타 또는 부처님이다. 세간법이든 출세간법이든 알지 못하면 불행한 삶을 살아야 한다. 알아야 행복한 삶을 살 수 있다.

(1) 열반적정涅槃寂靜은 체體다. 색수상행식을 소멸하고 공空과 일체가 되었으므로 체體라 한다. 공과 일체가 되면 반야지혜般若智慧를 얻는다. 반야지혜를 얻으면 중생상衆生相이라는 어리석음이 사라진다. 반야지혜는 공과 일체가 되어야 깨달을 수 있는 지혜다.

①열반적정을 깨달으면 우주가 생기기 이전부터 존재하는 태초의 기운氣運을 깨닫는다. 태초의 기운은 우주가 생기기 이전부터 존재하는 우주의 기운, 우주 에너지다. 우주 안에 존재하는 모든 것, 유정무정은 우주의 기운으로부터 벗어날 수가 없다. 부처님 손바닥 안이다.

②태초의 기운의 모습은 공하다. 아무것도 없는 공이 아니다. 묘하게 있다. 진공묘유眞空妙有다. 공의 모습을 깨달은 반야지혜를 천안통天眼通이라 한다.

③태초의 기운의 명칭은 부처님 또는 청정법신 비로자나불

이라 한다. 비로자나부처님은 이불理佛이고 석가모니부처님은 사불事佛이다. 공을 깨달은 반야지혜를 천안통天眼通이라 한다.

④ 태초의 기운, 공의 수명은 불생불멸 불구부정 부증불감 하면서 영원히 존재한다.

⑤ 태초의 기운, 공의 소리는 있는 듯 없는 듯 묘하게 있다. 묘하게 존재하는 공의 소리를 들을 수 있는 반야지혜를 천이통天耳通이라 한다.

⑥ 태초의 기운, 공을 깨달으면 공에 순응하는 마음이 발휘된다. 공에 순응하는 마음을 아뇩다라삼약삼 보리심이라 한다.

⑦ 태초의 기운, 공을 깨달으면 나는 우주적인 존재라는 자존감이 발휘된다. 자존감으로 나 자신을 존중하는 보살행을 한다. 이를 위력바라밀이라 한다.

어쩌면 신본주의 종교인들은 태초의 기운, 공空을 '절대자다, 하나님이다, 알라신이다' 하고, 막연하게 추상적으로 믿고 있는지 모른다. 깨닫지 못하고, 막연하게 믿는 것은 맹신이다. 맹신하기 때문에 남의 종교를 배척해서 전쟁까지 불사한다. 그렇지만 공을 깨달은 불보살은 남의 종교를 배척하지 않는다. 그러므로 불교역사에는 전쟁이 없다.

(2) 제법무아諸法無我는 상相이다. 나와 일체중생의 상관관계

를 깨달았으므로 상이라 한다. 나와 일체중생의 상관관계를 깨
달으면 반야지혜般若智慧를 얻는다. 반야지혜를 얻으면 중생상
衆生相이라는 어리석음이 사라진다. 반야지혜는 제법무아를 깨
달아야 얻을 수 있는 지혜다.

①제법무아는 모든 생명체의 근원을 깨달은 지혜다.

②제법무아는 '나의 근원은 공空이다. 너의 근원도 공이다.
그러므로 나와 너의 가치는 대등하다'는 진리를 깨달은 지혜다.

③제법무아는 근원이 같으므로 모든 인간은 불보살로 승화
할 수 있다는 진리를 깨달은 지혜다.

④제법무아는 '인간의 근원은 공이다. 화습난태생의 근원도
공이다. 근원이 같으므로 화습난태생도 인간으로 진화할 수 있
다'는 진리를 깨달은 지혜다.

⑤제법무아를 깨달으면 모든 생명체의 생명을 존중하는 자
심을 발휘한다. 그러므로 살생을 하지 않는다. 자심은 아뇩다라
삼약삼 보리심이다. 보리심은 제법무아에 순응하는 마음이다.

⑥제법무아를 깨달으면 모든 생명체의 행복권을 존중하는
비심을 발휘한다. 그러므로 덕담을 한다. 상처 주는 말을 하지
않는다. 비심은 아뇩다라삼약삼 보리심이다. 보리심은 제법무
아에 순응하는 마음이다.

⑦태초의 기운, 제법무아를 깨달은 불보살은 자심과 비심으

로 일체중생을 존중하는 보살행을 한다. 이를 자비바라밀이라
한다.

(3) 제행무상諸行無常은 용用이다. 공空의 쓰임새, 즉 공이 현
상現像으로 나타날 때는 제법인과 제법연기 법칙에 의해 나타나
고 소멸하는가를 깨달았으므로 용用이라 한다.

제행무상을 깨달으면 반야지혜般若智慧를 얻는다. 반야지혜
를 얻으면 아상我相이라는 어리석음이 사라진다. 반야지혜는 제
행무상을 깨달아야 얻을 수 있는 지혜다.

① 제법인과諸法因果를 깨달은 지혜다. 모든 현상은 인과因果
법칙에 의해서 나타나고 사라진다. 원인과 결과로 맺어진 인간
관계를 인연因緣이라 한다. 내가 낳은 자식도 인연으로 남남이
다. 좋은 인을 지었으면 좋은 인연으로 만나고 나쁜 인연을 지
었으면 나쁜 인연으로 만난다.

② 제법연기諸法緣起를 깨달은 지혜다. 육체는 소멸하지만 불
성은 죽지 않는다. 불성에는 원인과 결과로 지은 업이 저장된
다. 저장된 업은 내생에 태어날 씨앗이 된다. 씨앗은 내생으로
세세생생 영원히 무한하게 이어진다. 어떠한 인연을 만났다는
것은 전생에 어떠한 인과관계가 있었다는 뜻이다. 악연을 만난
것도 선연을 만난 것도 모두가 그러한 인과관계가 있었다는 뜻

이다.

③제행무상諸行無常을 깨달은 지혜다. 우리 몸은 생로병사한다. 인간의 마음은 6도 윤회한다. 모든 현상은 항상 변한다. 변하지 않은 것은 없다. 제법인과 제법연기 제행무상을 3대 연기법이라 한다.

④3대 연기법을 깨달으면 아뇩다라삼약삼 보리심이 발휘된다. 보리심은 연기법에 순응하는 마음이다.

⑤3대 연기법을 깨달으면 공동체와 공존공생하려는 공동체의식이 발휘된다. 공동체의식은 아뇩다라삼약삼 보리심이다.

⑥3대 연기법을 깨달으면 공동체와 협력하는 대심이 발휘된다. 협력은 아뇩다라삼약삼 보리심이다.

⑦3대 연기법을 깨달으면 마음으로 보시하려는 대심이 발휘된다. 보시는 아뇩다라삼약삼 보리심이다.

⑧3대연기법을 깨달으면 물질을 시주하려는 대심이 발휘된다. 시주는 아뇩다라삼약삼 보리심이다.

⑨아뇩다라삼약삼 보리심으로 공동체와 공존공생하는 보살행을 대행바라밀이라 한다.

(4) 불성을 깨달으면 견성見性이다. 색수상행식을 소멸하고 인우구망人牛俱忘의 경지에서 체상용體相用 3법인을 깨닫고 나

144

서 백척간두 진일보하면 입전수수의 경지에서 불성佛性을 깨달을 수 있다.

공은 우주가 생기기 이전 태초의 기운이고, 불성은 모든 생명체의 내면에 존재하는 개인적인 기운이다.

불성을 깨달으면 반야지혜般若智慧를 얻는다. 반야지혜는 불성을 깨달아야 얻을 수 있는 지혜다. 반야지혜를 얻으면 수자상壽者相이라는 어리석음이 사라진다. 반야지혜를 얻었을 때 신족통神足通이라 한다. 인연 따라 남자로 태어날 수 있고 여자로 태어날 수 있는 신통이다.

①모든 생명체의 내면에 신통 미묘한 불성佛性이 있음을 깨달은 지혜다.

②불성의 근원은 공임을 깨달은 지혜다.

③불성은 죽지 않고 생사윤회한다는 진리를 깨달은 지혜다.

④불성이 인간의 뇌를 움직인다는 진리를 깨달은 지혜다.

⑤불성이 9가지 마음을 일으킨다는 진리를 깨달은 지혜다.

⑥불성이 육체를 움직인다는 진리를 깨달은 지혜다.

⑦불성이 6도 윤회한다는 진리를 깨달은 지혜다.

⑧불성을 깨달으면 천수천안 혜안慧眼이 생긴다.

⑨불성을 깨달으면 인간의 근기를 알아보는 타심통이 생긴다.

⑩불성을 깨달으면 생사해탈한다.

⑪불성을 깨달으면 불성에 순응하는 마음 아뇩다라삼약삼보리심이 발휘된다.

⑫아뇩다라삼약삼 보리심으로 지혜롭게 살아가는 보살행을 예지바라밀이라 한다.

출세간 4대진리를 모두 깨달아 반야지혜를 얻었을 때 법등명法燈明 또는 돈오頓悟라 한다. 법등명해서 돈오해서 아뇩다라삼약삼 보리심을 발휘했을 때 자등명自燈明이라 한다. 자등명의 삶을 살기 위하여 보살행을 한다. 보살행을 하는 방법이 4념처관법이다. 4념처관법은 복덕을 쌓는 수행이다. 위력바라밀과 예지바리밀로 복을 짓고 자비바라밀과 대행바라밀로 덕을 쌓는다.

복덕이 원만구족하면 이상적인 인간 부처님으로 승화한다. 이상적인 인간으로 승화하면 최상최고의 행복 열반락을 얻는다. 열반락을 얻은 부처는 귀하고 귀해서 천상천하에서 딱 한 사람이다. 그러므로 천상천하 유아독존이라 한다.

석가모니는 부처님이고 공자, 예수, 소크라테스는 성현이다. 석가모니를 성현이라 하지 말라. 부처님과 성현은 급이 다르다. 부처님과 성현은 하늘과 땅 차이가 난다. 성현은 출세간 4대진

리를 깨닫지 못했기 때문이다. 그러므로 반야지혜도 없고 4상
이라는 그릇된 관념이 있을 뿐만 아니라 아뇩다라삼약삼 보리
심이 없기 때문이다. 성현은 법등명 자등명의 삶을 살지 못하기
때문이다.

공자는 출세간 4대진리는 깨닫지 못했지만 공空을 천天이라
인식했다. 그러므로 '위선자爲善者는 천보지위복天報之爲福하고
위불선자爲不善者는 천보지위화天報之爲禍한다'는 인생철학으로
살았다. 공자에게서 선인선과 악인악과를 배워야 한다.

예수도 출세간 4대진리는 깨닫지 못했지만 공空을 하나님이
라 인식했다. 그러므로 '인간은 하나님의 아들딸이므로 서로 사
랑해야 한다'라는 인생철학으로 살았다. 예수에게서 인류애 사
랑을 배워야 한다.

소크라테스도 출세간 4대진리는 깨닫지 못했지만 영혼을 인
식했다. 그러므로 '영혼은 죽지 않고 불멸한다'를 인생철학으로
살았다. 그러므로 죽음에 대한 공포와 두려움 없이 독배를 마실
수 있었다. 소크라테스에게 영혼이 있음을 배워야 한다. 육체를
움직이는 영혼이 있음을 알아야 한다. 영혼의 있음을 알아야 육
체만 위하는 동물적인 삶을 살지 않는다.

불자는 석가모니에게서 열반락을 얻을 수 있는 길을 배워서
실천하고, 유학자는 공자에게서 선인선과 악인악과를 배워서

실천하고, 기독교인은 예수에게서 사랑을 배워서 실천하고, 철학자는 소크라테스에게서 영혼이 있음을 배워서 실천하면 되는 것이다. 각자의 실천이 중요하다.

그런데 그들의 제자라는 사람들은 부처와 성현의 이름을 팔아 종교세력을 키우는 데 열심이다. 자기 종교의 세력을 키우기 위하여 전쟁까지 불사한다. 이유는 치심과 탐욕과 지배욕 때문이다. 지배해야 눈먼 돈이 들어오기 때문이다. 결국에는 돈 때문에 타락한다. 그러다 병들어 죽고 만다. 남는 것은 스스로 지은 악업뿐이다. 허무한 인생이다.

16. 석가모니의 마지막 유언

석가모니의 마지막 유언은 "법 아닌 것에 의지하지 말고 법에 의지하라. 남을 의존하지 말고 자기 자신을 의지하라."로, 즉 법 등명 자등명의 삶을 살라는 말씀이다.

석가모니는 청정법신부처님이 아니다. 청정법신부처님은 공 空이다. 청정법신불은 우주가 생기기 이전부터 존재하는 불생 불멸하는 기운이다. 석가모니부처님은 공을 깨달은 사불事佛 이다.

인간은 누구나 사불이 될 수 있다. 3,000년 동안 부와 권세 에 대한 욕망을 내려놓을 수 있다면, 3,000년 동안 일념으로 정 진할 인내심이 있다면 사불이 될 수 있다. 석가모니 부처님은 3,000년 동안 부와 권세를 내려놓고, 3,000년 동안 정진해서 사 불이 된 천상천하 유아독존이다.

석가모니는 나를 믿고 의지하라고 말씀하지 않았다. 석가모니가 인간의 길흉화복을 주관하지 않는다. 물론 하나님도 인간의 길흉화복을 주관하지 않는다. 길흉화복을 주관하는 것은 자기 자신이다 그러므로 신불을 의존하지 말고 자기 자신을 의지해서 법등명法燈明 자등명自燈明의 삶을 살아야 한다.

경전은 2,500년 전의 고전이라서 법등명 자등명에 대한 요점정리가 되어 있지 않다. 쓸데없는 말이 너무 많다. 산만해서 이해하기 어렵다. 경전을 보고 불교를 알았다고 하면 오해다. 법등명 자등명에 대해서 요점정리를 할 필요가 있다.

법등명하려면 출세간 4대진리를 깨달아야 한다. 4대진리를 깨달으면 4대진리에 순응하는 마음 아뇩다라삼약삼 보리심이 발휘된다. 보리심으로 복덕을 쌓는 것을 바라밀이라 한다.

중생심으로 복덕을 쌓는 것은 바라밀이 될 수 없다. 바라밀은 위력바라밀, 예지바라밀, 자비바라밀, 대행바라밀의 4바라밀이다. 4바라밀로 복덕이 원만 구족하면 최상최고의 행복 열반락을 얻는다. 열반락의 기쁨은 하늘만큼 땅만큼 행복하다.

한국불교는 보살행이 무엇인지, 바라밀이 무엇인지 모르고 있다. 보살행이 무엇인지 모른다는 것은 이상적인 인간상이 어떠한지도 모른다는 뜻이다. 보시, 지계, 인욕, 정진, 선정, 지혜를 보살행이라 하고 있기 때문이다. 보시, 지계, 인욕, 정진, 선정, 지혜는 보살행도 아니고 바라밀이 될 수 없다. 보살행이라고 하지 말라!

남의 인생을 위하여 보시하고, 3,000년 동안 계를 지키고, 인
욕하고, 선정과 선혜를 닦으란 말인가? 보시나 하면서 남의 인
생을 사는 것이 불교의 구경목표란 말인가? 불교의 구경목표는
바로 내가, 나 자신이 영혼의 행복 열반락을 얻는 것이다. 불교
의 구경목표는 남의 인생을 사는 것이 아니다. 자기 자신을 의
지해서 자기 자신의 삶을 사는 것이다.

출세간 4대진리를 깨달으면 부처님 보리살타 또는 대승이라
한다. 대승이 보리심으로 복덕을 쌓는 수행을 보살행이라 한다.
보살행을 하는 방법은 4념처를 관觀하는 수행이다.

4념처는 업식(색수상행식) 신구의다. 자신이 어떤 업식으로 어
떠한 신구의를 쓰고 있는지, 즉 어떤 뇌로 어떠한 신구의를 쓰
고 있는지 성찰하는 수행이다. 보살행은 일상생활 속에서 언제
어디서나 4념처를 관하는 수행이다.

17. 내가 깨달은 이상적인 인간상

어떻게 살 것인가?

어떻게 살아야 올바른 삶인가?

어떻게 살아야 지혜로운 삶인가?

어떻게 살아야 행복한 삶인가?

나는 올바르게 살고 싶었다. 나는 지혜롭게 살고 싶었다. 나는 행복하게 살고 싶었다. 그래서 열심히 배웠다. 스님들 법문도 듣고 전문가의 강의도 듣고 독서도 했다. 그렇지만 가르쳐주지 않았다. 그들도 모르기 때문이다.

내가 깨달음을 얻고 나서야 법등명 자등명의 삶이 가장 올바른 삶이고 지혜로운 삶임을 알 수 있었다. 법등명 자등명의 삶을 살기 위하여 열심히 수행했다. 법등명 자등명의 삶을 살면 최상최고의 행복 열반락을 얻을 수 있다.

법등명法燈明은 출세간 4대진리를 깨달아 반야지혜를 얻은

것이고, 자등명自燈明은 4대진리에 순응하는 마음(아뇩다라삼약
삼보리심)으로 사는 것이다.

천하에서도 천상에서도 가장 잘 사는 삶은, 가장 올바른 삶
은, 가장 지혜로운 삶은 출세간법을 깨닫고 진리에 순응하는 마
음, 아뇩다라삼약삼 보리심으로 사는 것이다. 즉 법등명 자등명
의 삶을 사는 것이다. 인생살이가 괴로운 것은 법등명 자등명의
삶을 살지 못하기 때문이다. 즉 중생심과 4상에 집착해서 살기
때문이다.

대웅전에는 부처님의 원만구족한 복덕을 상징하는 4분 보처
보살상이 있다. 복이 많은 대세지보살과 문수보살, 덕이 많은
관세음보살과 보현보살이다. 대세지보살은 위력을 상징하고,
문수보살은 예지를 상징한다. 관세음보살은 자비를, 보현보살
은 대행을 상징한다. 석가모니부처님은 복과 덕을 원만구족하
게 갖추어서 이상적인 인간으로 승화했다.

(1) 대세지보살은 위력바라밀을 발휘한다. 나의 본래 근원은
부처(공)다. 나의 근원을 깨달으면 나라는 존재는 우주에 하나
뿐인 소중한 존재라고 생각하는 자존감이 발휘된다. 자존감이
발휘되면 나 자신을 지킬 수 있는 강한 정신력이 발휘된다. 그
러므로 나 자신을 부처님처럼 존중한다. 악행을 해서 나 자신을

절대로 타락시키지 않는다. 자존감과 정신력을 위력바라밀이라 한다. 위력바라밀이 발휘되어야 복福을 짓는다. 복은 자기 자신을 존중하는 마음이다.

열반적정을 깨달아야 그릇된 관념 중생상衆生相이 사라지면서 위력바라밀이 발휘된다. 중생상은 나는 부모가 낳은 열등한 중생이라고 생각하는 그릇된 관념이다. 하나님이 나를 창조했다고 생각하는 그릇된 관념이다.

경전만 공부하는 학승은 수행자가 아니라 불교학자다. 경전만 공부하면 열반적정을 깨닫지 못한다. 그러므로 중생상이라는 그릇된 관념으로부터 벗어나지 못한다. 중생상이라는 그릇된 관념이 사라지지 않으면 위력바라밀이 발휘되지 않는다. 위력바라밀은 지어먹은 마음, 의지력으로 되는 마음이 아니다. 반드시! 반드시 참선수행을 해서 열반적정을 깨달아야 위력바라밀이 발휘된다.

①위력바라밀을 발휘한 대세지보살은 나의 근원은 공이라는 주인의식이 강하다. 그러므로 신불에게 복을 빌지 않는다. 자신을 의지해서의 반듯하게 산다. 반듯하게 살아야 위력바라밀이라는 복福을 짓는다.

②위력바라밀을 발휘한 대세지보살은 내 삶의 주체는 나 자신이라는 주체의식이 강하다. 자신의 몸과 마음을 잘 관리한

다. 함부로 먹지 않고 함부로 쓰지 않는다. 함부로 놀지 않는다. 그러므로 건강하다. 건강하므로 위력바라밀이라는 복福을 짓는다.

③위력바라밀을 발휘한 대세지보살은 자주자립정신이 강하다. 원하는 것을 얻기 위하여 근면성실하게 노력한다. 그러므로 경제력이 있다. 경제력이 있으므로 위력바라밀이라는 복福을 짓는다.

④위력바라밀을 발휘한 대세지보살은 정신력이 강하다. 그러므로 인내심이 강하다. 뿌리 깊은 나무처럼 역경을 잘 참고 이겨낸다. 인내심으로 원하는 것을 성취한다. 인내심이 있으므로 위력바라밀이라는 복福을 짓는다.

(2) 문수보살은 예지바라밀을 발휘한다. 예지바라밀은 천수천안 혜안慧眼이다. 천수천안 혜안은 불성을 깨달아야 발휘되는 예지叡智다. 불성佛性을 깨달으면 수자상壽者相이라는 그릇된 관념이 사라진다. 수자상이 사라지면서 근거를 모르고 믿는 맹신이 사라진다. 근거를 모르고 믿으면 인간의 말에 현혹돼서 괴로운 삶을 살아야 한다. 예지바라밀이 발휘되어야 복福을 짓는다.

경전만 공부하는 학승은 수행자가 아니라 불교학자다. 경전만 공부하면 불성을 깨닫지 못한다. 그러므로 인상이라는 그릇된 관념으로부터 벗어나지 못한다. 인상이라는 그릇된 관념이 사라지지 않으면 맹목적인 어리석음이 사라지지 않는다. 예지바라밀은 지어먹은 마음, 의지력으로 되는 마음이 아니다. 반드시! 반드시 참선수행을 해서 불성을 깨달아야 예지바라밀이 발휘된다.

①천수천안 혜안을 발휘한 문수보살은 남의 마음을 꿰뚫어 보는 타심통이 있다. 그러므로 남의 말에 현혹되지 않는다. 타심통이 있어야 예지바라밀이라는 복福을 짓는다.

②천수천안 혜안을 발휘한 문수보살은 예리한 통찰력이 있다. 상황판단이며 사리판단 능력이 뛰어나다. 통찰력이 있으므로 예지바라밀이라는 복福을 짓는다.

③천수천안 혜안을 발휘한 문수보살은 탐구력이 강하다. 그러므로 지식이 많다. 지식이 있으므로 예지바라밀이라는 복福을 짓는다.

④천수천안 혜안을 발휘한 문수보살은 실천력이 있다. 유익한 정보는 반드시 실천한다. 실천해봐야 지혜가 생긴다. 지혜가 있으므로 예지바라밀이라는 복福을 짓는다.

(3) 관세음보살은 자비바라밀을 발휘한다. 자비바라밀은 일체중생의 생명을 존중하는 자심과 일체중생의 행복할 권리를

존중하는 비심이다. 자비바라밀은 제법무아를 깨달아야 발휘되는 배려심과 공감력이다. 제법무아를 깨달으면 인상人相이라는 그릇된 관념이 사라진다. 인상이라는 관념이 사라져야 지배욕이 사라진다. 지배욕이 사라지면 자비바라밀이 발휘된다. 자비바라밀이 발휘되면 덕德을 쌓는다. 덕은 일체중생을 존중하는 마음이다.

경전만 공부하는 학승은 수행자가 아니라 불교학자다. 경전만 공부하면 제법무아를 깨닫지 못한다. 그러므로 인상이라는 그릇된 관념으로부터 벗어나지 못한다. 인상이라는 그릇된 관념이 사라지지 않으면 지배욕이 사라지지 않는다. 자비바라밀은 지어먹은 마음, 의지력으로 되는 마음이 아니다. 반드시! 반드시 참선수행을 해서 제법무아를 깨달아야 자비바라밀이 발휘된다.

①자비바라밀을 발휘한 관세음보살은 자심慈心으로 산다. 자심은 인간뿐만 아니라 일체중생의 생명을 존중하는 배려심이다. 내가 살고 싶으면 남도 살고 싶을 것이다. 그러므로 관세음보살은 모든 생명체의 생명을 존중한다. 살생 학대와 같은 육체적 폭력으로 생명체의 생존권을 침해하지 않는다. 배려심이 있으므로 자비바라밀이라는 덕德을 쌓는다.

②자비바라밀을 발휘한 관세음보살은 비심悲心으로 산다. 비

심은 인간뿐만 아니라 일체중생의 행복할 권리를 존중하는 공감력이다. 내가 행복하고 싶으면 남도 행복하고 싶을 것이다. 그러므로 관세음보살은 인간뿐만 아니라 모든 생명체의 행복할 권리를 존중한다. 거짓말 악담 왜곡 양설兩舌 감언이설로 타인의 행복권을 침해하지 않는다. 타인의 행복할 권리를 침해하는 말은 크든 작든 언어폭력이다. 공감력이 있으므로 자비바라밀이라는 덕德을 쌓는다.

③ 자비바라밀을 발휘한 관세음보살은 희심喜心으로 산다. 범부는 사촌이 논을 사면 배가 아프고, 배고픈 것은 참아도 배 아픈 것은 참지 못한다. 어떻게든 추락시키려고 시기 질투심을 드러낸다. 그렇지만 관세음보살은 내일처럼 기뻐하고 시기 질투하는 일이 없다. 희심이 있으므로 자비바라밀이라는 덕德을 쌓는다.

④ 자비바라밀을 발휘한 관세음보살은 사심捨心으로 산다. 말을 함부로 하는 아수라, 지배욕이 강한 아수라를 만나면 언쟁을 하지 않고 묵빈대처默賓對處한다. 관심 끄고 무소의 뿔처럼 혼자서 간다. 이들은 제도할 수 없기 때문에 포기한다. 사심이 있으므로 자비바라밀이라는 덕德을 쌓는다.

청산은 나를 보고 말없이 살라하고

창공은 나를 보고 티 없이 살라하네

탐욕도 내려놓고 성냄도 내려놓고

물같이 바람같이 살다 가라하네

(4) 보현보살은 대행바라밀을 발휘한다. 대행바라밀은 일체 중생과 공생하려는 큰마음이다. 대행바라밀은 3대연기법(제법 인과 제법연기 제행무상)을 깨달아야 발휘되는 큰마음이다. 3대연 기법을 깨달으면 그릇된 관념 아상我相이 사라진다. 아상이라는 그릇된 관념이 사라져야 이기심이 사라지고 대행바라밀이 발 휘된다.

경전만 공부하는 학승은 3대연기법을 깨닫지 못한다. 그러므 로 학승은 아상이라는 그릇된 관념으로부터 벗어나지 못한다. 아상이 사라지지 않으면 이기심도 사라지지 않는다. 대행바라 밀은 지어먹은 마음, 의지력으로 되는 마음이 아니다. 반드시! 반드시 참선수행을 해서 3대연기법을 깨달아야 대행바라밀이 발휘된다.

① 대행바라밀을 발휘한 보현보살은 사회적 책임감이 강하 다. 보현보살은 사회적 책임감이 있으므로 불자가 좀 더 지혜롭 고 행복한 삶이 되기를 바라는 간절한 마음으로 중생제도를 한 다. 사회적 책임감이 있어야 대행바라밀이라는 덕을 쌓는다.

②대행바라밀을 발휘한 보현보살은 협력정신이 강하다. 개인의 힘은 미약하지만 서로 협력하면 큰 힘을 발휘한다. 협력하면 어떠한 난관도 역경도 이겨낸다. 보현보살은 공동체의 이익에 위배되는 일은 하지 않는다. 협력정신이 있어야 대행바라밀이라는 덕을 쌓는다.

③대행바라밀을 발휘한 보현보살은 물질적 재산을 시주施主한다. 물질적 재산은 먹을 것, 입을 것, 돈 등등 의식주를 해결할 수 있는 물질이다. 시주는 물질을 나누어주는 것이다. 시주해야 대행바라밀이라는 덕을 쌓는다.

④대행바라밀을 발휘한 보현보살은 정신적 재산을 보시한다. 정신적 재산은 정신을 풍요롭게 하는 지식과 정보와 경험이다. 불법을 가르쳐주고, 복덕을 쌓는 법을 가르쳐주고 등등 지식과 정보와 깨달음을 베푸는 것이 보시다. 보시해야 대행바라밀이라는 덕을 쌓는다.

나는 내가 깨달은 불법을 글로 써서 보시한다. 글을 쓰다 보니 오히려 내가 성숙 발전했다. 내가 깨달은 4대진리를 체계적으로 정리하고 70평생 살면서 경험하며 깨달은 인간사 세상사를 논리적으로 표현하는 능력이 생겼다. 보시는 자리이타행이다.

인간은 육체만 있는 존재가 아니다. 육체와 정신의 복합체다.

그러므로 정신적 재산과 물질적 재산이 풍족한 사람이 진짜 부자다. 정신적 재산은 빈약한데 물질적 재산이 많은 사람은 욕심이 많은 사람이지 부자가 아니다.

보살행은 위력자라밀과 예지바라밀로 복을 짓고 자비바라밀과 대행바라밀로 덕을 쌓는 삶이다. 보살행을 하는 수행방법은 4념처관법이다. 4념처관법을 수행해서 복덕이 원만구족하면 이상적인 인간 부처님으로 승화한다. 승화해야 열반락을 얻는다.

우주는 넓고 넓어 3천대천세계가 있다. 3천대천세계에는 지구만 존재하는 게 아니다. 서방정토에 극락세계 도솔천이 존재한다. 도솔천은 복덕이 원만구족한 불보살이 사는 세계다. 도솔천은 축생처럼 어리석고 아귀처럼 욕심 많고 아수라처럼 지배욕이 강한 하근기는 태어날 수 없는 세계다. 이성적이고 양심적으로 살았던 상근기라면 태어날 수 있을 것이다.

18. 내가 깨달은 보살행 4념처관법

출세간 4대진리를 깨달은, 즉 돈오한 대승은 수다원, 사다함, 아나함, 아라한, 부처님의 다섯 과가 있다. 수다원 사다함 아나함 아라한의 4단계를 거쳐야 부처님으로 성불한다. 수다원이 부처님으로 승화하려면 3천 년 동안 일념으로 정진해야 한다.

제법연기諸法緣起다. 불성은 죽지 않고 생사윤회한다. 나를 창조한 창조주는 내가 쓴 신구의다. 신구의가 뇌를 만든다. 내가 쓴 신구의와 뇌를 업業이라 한다. 내가 먹은 음식은 내 몸을 만들고 내가 쓴 업이 나의 근기를 만든다. 이 생에서 지은 업과 근기는, 즉 이 생에서 지은 복덕이나 악업은 한 치 오차 없이 불성佛性에 새겨져서 내생까지 이어진다. 이를 제법연기라 한다.

석가모니 부처님은 태초에 화생의 삶을 살았다. 화생에서 습생으로 진화했다. 습생에서 난생으로 진화했다. 난생에서 태생으로 진화했다. 부처님은 태생이었을 때 사슴이었다. 태생은 진화해서 유인원이 되었다. 유인원은 진화해서 하근기의 인간이 되었다. 하근기는 진화해서 중근기가 됐다. 중근기는 상근기로 진화했다.

상근기는 인간처럼 이성적으로 살았다.

상근기는 천사처럼 양심적으로 살았다. 그래서 불법을 만날 수 있었다. 이성적이고 양심적으로 살지 않으면 불법이 마음에 들어오지 않는다. 불법에 관심이 없다.

상근기는 출가해서 소승이 되었다. 소승은 복덕을 쌓아서 무심도인이 되었다. 무심도인은 복덕을 쌓아서 수다원으로 승화했다.

수다원은 처음으로 출세간 4대진리를 깨닫고 처음으로 아뇩다라삼약삼 보리심을 발휘한 대승이다. 즉 처음으로 법등명 자등명의 삶을 사는 대승이다.

수다원은 보살행(4념처관법)을 수행해서 복덕을 쌓았다.

수다원은 사다함으로 승화할 수 있었다.

사다함은 두 차례 출세간 4대진리를 깨닫고 두 차례 아뇩다라삼약삼 보리심을 발휘한 대승이다. 즉 두 차례 법등명 자등명의 삶을 사는 대승이다. 사다함은 보살행(4념처관법)을 수행해서 복덕을 쌓았다.

사다함은 아나함으로 승화할 수 있었다.

아나함은 세 차례 출세간 4대진리를 깨닫고 세 차례 아뇩다라삼약삼 보리심을 발휘한 대승이다. 아나함은 보살행(4념처관법)을 수행해서 복덕을 쌓았다.

사다함은 아라한으로 승화할 수 있었다.

아라한은 네 차례 출세간 4대진리를 깨닫고 네 차례 아뇩다라삼약삼 보리심을 발휘한 대승이다. 아라한은 보살행(4념처관법)을 수행해서 복덕을 쌓았다.

아라한은 부처님으로 승화할 수 있었다.

부처님은 다섯 차례 출세간 4대진리를 깨닫고 다섯 차례 아뇩다라삼약삼 보리심을 발휘해서 성불했다. 다섯 차례 출세간 4대진리를 깨닫고 다섯 차례 아뇩다라 삼약삼 보리심이 발휘돼야 복덕이 원만구족한 부처님으로 성불한다.

그러므로 부처님으로 승화하려면 돈오점오해야 한다. 돈오점오가 성불할 수 있는 바른 길이다. 돈오돈수에 현혹되지 말라!

대승이 보리심으로 복덕을 쌓는 수행을 보살행이라 한다. 보살행을 하는 방법은 4념처관법이다. 4념처는 업식과 신구의다. 어떠한 업식으로 어떠한 신구의를 쓰고 있는지 성찰하는 수행이다.

보시, 지계, 인욕, 정진, 선정, 지혜는 6바라밀이 될 수 없고 보살행이 될 수 없다. 보살행이라고 하지 말라! 보살행은 중생심이 아닌 아뇩다라삼약삼 보리심으로 복덕을 쌓는 수행이다.

164

부처님처럼 승화하려면 3천 년 동안 생사윤회를 거듭하면서 돈오점오하고 원만구족한 복덕을 쌓아야 한다. 부처님은 천상과 천하에서 오직 한 분이다.

보조국사는 돈오점수頓悟漸修가 성불할 수 있는 길이라고 주장했다. 보조국사의 점수는 보살행이 아니다. 점수는 돈오를 5차례 반복하는 것이다.

부처님처럼 법등명 하려면 5차례 돈오해야 한다. 반야심경에 반야바라밀다(多)라고 있지 않은가? 다多는 점수를 뜻한다.

법등명 하려면 참선수행을 해야 하고 자등명 하려면 4념처관법을 수행해야 한다. 참선수행은 가부좌를 하고 참구하는 수행이고, 4념처관법은 일상생활 속에서 행주좌와 어묵동정에 4념처를 관하는 보살행이다. 참선수행과 4념처관법은 엄연히 다르다. 혼동하지 말아야 한다.

참선수행은 강력한 집중력이 있어야 할 수 있는 수행이고 4념처관법도 집중력으로 하는 수행이다. 화두참구는 자신의 불성에 집중하는 수행이고, 4념처관법은 자신의 업식과 신구의에 집중하는 수행이다.

집중하면 혜안이라는 법력法力이 생긴다. 부처님과 보리살타는 집중력이 탁월한 사람들이다. 밖으로, 남에게로 관심이 많은 마음이 산만한 범부와는 차원이 다른 사람들이다.

글쓴이 후기

초발심 때 선서禪書를 읽었는데, '혜가는 달마에게 팔을 잘라 바쳤다. 물구나무를 서서 열반에 들었다. 촛불을 끄자마자 깨쳤다. 손가락을 잘려서 깨쳤다. 방아를 찧다가 깨쳤다. 백정도 깨달음을 얻을 수 있다. 또 깨달음을 얻었다는 임제 선사는 할! 하거나 주장자를 탕탕 치거나 해서 가르쳤다' 등등 이치에 맞지 않는 황당한 말뿐이었다. 깨달음이 심각하게 왜곡돼 있어서 안타까웠다.

나는 초발심 때도 그런 황당한 선문답들이 깨달음이라고 믿지 않았다. 석가모니의 깨달음이 그렇게 황당할 리가 없다고 생각했기 때문이다. 그런데 한국의 선승들은 황당한 선문답을 따라한다. 백양사 무차법회에 간 적이 있는데, 그때 참가한 선승들도 황당한 선문답을 했다. 보고 있으니 쓴 웃음이 나왔다. 선문답은 깨달음이 낮은 무심도인이 하는 것이다. 4대진리를 깨달은 보리살타는 선문답을 하지 않는다. 모르면 모른다고 솔직하게 말해야 한다. 잘 알지도 못하면서 아는 척 왜곡하는 것은

오만이다. 세계에서 오직 우리나라에만 존재하는 선불교가 새
로 태어나기를 간절히 바란다.

2023년 6월

여의심

여의주

1981년 한국 사회는 공포스러웠고 혼란스러웠다. 게다가 개인적인 불행까지 겹쳐 나의 삶은 불안하고 힘들었다. 걷잡을 수 없이 흔들리는 내 마음을 부처님의 가르침에 의지하고 싶었다. 방황을 거듭하다 1981년 8월 송광사 하기참선수련회에 참가하게 되었다. 37세 때의 일이다.

4박5일 수련회의 짧은 기간이었지만 신기한 선 경험과 마음의 변화, 몸의 변화를 체험했다. 내가 찾고 있던 무언가를 찾은 듯 희열감으로 가득했다. 수련회를 마치고는 고 구산스님의 지도를 받으며 '이, 뭣고' 화두에 전념했다. 그리고 40여 년이 흐르는 동안 수행과 체험을 통해 부처님의 참된 가르침과 인간의 내면에 대해서 깨달을 수 있었다. 이 책에는 모든 이들이 행복해지기를 바라는 마음과 한국불교가 새롭게 태어나기를 바라는 마음을 담았다.

펴낸 책으로 『사념처 명상과 참선수행』이 있다.

최상 최고의 행복, 열반락

초판 1쇄 인쇄 2023년 7월 20일 | **초판 1쇄 발행** 2023년 7월 27일
지은이 여의주 | **펴낸이** 김시열
펴낸곳 도서출판 운주사

(02832) 서울시 성북구 동소문로 67-1 성심빌딩 3층
전화 (02) 926-8361 | **팩스** 0505-115-8361
ISBN 978-89-5746-752-7 03220 값 10,000원
http://cafe.daum.net/unjubooks 〈다음카페: 도서출판 운주사〉